Mystik im Protestantismus

Gerhard Wehr

Mystik im Protestantismus

Von Luther bis zur Gegenwart

Claudius Verlag

Die Deutsche Bibliothek – CIP-Einheitsaufnahme

Wehr, Gerhard:
Mystik im Protestantismus : von Luther bis zur Gegenwart /
Gerhard Wehr. – München : Claudius-Verl., 2000
ISBN 3-532-62252-1

Umschlaggestaltung: Werner Richter
Satz: Stahringer, Ebsdorfergrund
Druck: Clausen & Bosse, Leck

ISBN 3-532-62252-1

Inhalt

Einführung: Was ist protestantische Mystik?

Ist von christlicher Mystik die Rede, dann verbindet man damit in der Regel Gedanken an bestimmte Höhepunkte des spirituellen Lebens im Mittelalter. Allerlei Namen tauchen auf: Meister Eckhart, Johannes Tauler, Heinrich Seuse, Jan van Ruusbroec; nicht zu vergessen große Mystikerinnen, allen voran Hildegard von Bingen, Mechthild von Magdeburg, Gertrud die Große, Margarete Porete, sodann Mitglieder der Gottesfreunde-Bewegung und ungezählte andere. Jeder und jede hat auf eine individuelle Weise die Gottesnähe, die Christusgegenwart, die Tiefendimension der Schöpfung erlebt und erfahren, bald als ein machtvolles Ergriffenwerden, als die innige Teilhabe an einem großen Mysterium, bald unter innerer Erschütterung, wenn immer die »dunkle Nacht« der Seele und des Geistes den Menschen heimsucht, um ihn durch das mystische Sterben hindurch in ein größeres Leben hineinzuführen. Mystik, die im Zentrum der Weltreligionen steht, hoch gelobt und nicht selten als der Ketzerei verdächtigt, hat viele Gesichter.

Mystik als Inbegriff lebendiger Gotteserfahrung – *»cognitio dei experimentalis«* nannten dies die mittelalterlichen Meister – ist aber letztlich an keine bestimmte Geschichtsepoche gebunden, auch wenn gelegentlich von einer »Zeit der Mystik« oder dergleichen die Rede ist. Das, »was uns unbedingt angeht«, dessen werden wir »jetzt und hier« inne, und sei es in Gestalt einer leidvollen Nicht-Erfahrung, in Gestalt einer glühenden Gottessehnsucht, angesichts einer geistlichen Dürre und Dürftigkeit. Da ist niemand, der diese bisweilen irritierende oder bedrückende Selbstwahrnehmung auf dem Weg der Christusnachfolge nicht kennt. Dabei sind es gerade die »geistlich Armen«, die Bettler um Geist, die Jesus am Anfang seiner Bergpredigt (Matth. 5,3) selig gepriesen hat. Ja, hier steht eine der immer noch viel zu wenig beachteten Eingangspforten in die eigene Gotteserfahrung! Man kann vom absoluten Nullpunkt sprechen, von unseren leeren Händen oder von der Wüste einer bedrückenden Ich-Einsamkeit ... Man mache sich in solcher Lage seinen eigenen Standort nur recht klar. Mystik, die diesen Namen verdient, ist gerade nichts »Verschwommenes«, Ungefähres oder Unklares. Andererseits gilt auch: Wo bereits eine – vermeintliche – Fülle ist, etwa in Gestalt von religiöser Leistung oder von theologischem Wissen, da gibt es in der Regel keinen Platz und kein Interesse für das Unbedingte, das Spirituelle:

»... liebt doch Gott die leeren Hände
und der Mangel wird Gewinn.
Überall enthüllt am Ende
sich als strahlender Beginn«
(W. Bergengruen).

In einer Zeit, in der man von neuem begonnen hat, nach Möglichkeiten innerer Erfahrung zu fragen, kann es hilfreich sein, daß man sich der lebendigen Tradition vergewissert, an der wir in der Christenheit teilhaben. Gemeint ist die »Wolke der Zeugen«, von der der Hebräerbrief (12,1) spricht. Gemeint ist sodann das beispielhafte Leben und Wirken derer, die uns im Glauben vorangegangen sind. Gemeint sind insbesondere die Zeugnisse mystischen Erlebens und Erkennens. Jede Zeit hat ihre Weise, das Empfundene auszudrücken. So auch heute. Es liegt daher an uns, »zu sagen des Herzens Meinung«, das heißt: wie es uns von Fall zu Fall ums Herz steht. Aber ist überhaupt sagbar, was jenseits unserer Alltagswirklichkeit liegt, wiewohl es wieder und wieder, meist unversehens ins Alltägliche hereinwirkt? So ist es am ehesten den künstlerisch Schaffenden, den Musikern, den Dichterinnen und Dichtern gegeben, das Außerordentliche, weil jeder menschlichen Ordnung Übersteigende vernehmbar zu machen.

Welchen Sinn macht es nun, von »protestantischer Mystik« zu sprechen? – Gewiß geht es nicht darum, konfessionelle Besonderheiten oder Abgrenzungen gegenüber anderen Ausformungen christlicher Frömmigkeit hervorzuheben. So einzigartig mystisches Ergriffensein und Erleben jeweils sein mag, es ist nicht dazu angetan, die Menschen zu trennen. Im mystischen Erleben wird der Mensch vom Heiligen Geist ergriffen. Dieser Geist stiftet Gemeinschaft und führt die Menschen innerlich einander näher. Im dritten Artikel des apostolischen Glaubensbekenntnisses bezeugen wir die »Una sancta ecclesia« als die »Gemeinschaft der Heiligen«. Und es ist gewiß kein Zufall, daß die Christenheit im Heiligen Geist (nach Luthers Kleinem Katechismus) die berufende, sammelnde, erleuchtende, heiligende Mächtigkeit erkennt.

So zeigt zum einen die Glaubensgeschichte, wie tief auch die reformatorische Innerlichkeit im gesamtchristlichen Glaubensgrund verwurzelt ist. Deutlich wird dies bereits bei Martin Luther selbst, der als ehemaliger Ordensmann, als Betender, als Meditierender nie aufgehört hat »katholisch« zu sein, das heißt: er hat nie aufgehört, der *einen* »allgemeinen« Kirche des *einen* Christus anzugehören. Dafür gibt es keinen Mangel an Belegen. Und wenn es einen gibt, dann den – schmerzlich empfundenen –, daß aufgrund der dürftigen Quellenlage der Eindruck entstanden ist, es habe, im Gegensatz zur römisch-katholischen Tradition, im Protestantismus keine oder nur sehr wenige Frauen gegeben, denen wir mystische Zeugnisse verdanken. Sollten wir nicht endlich auch einmal damit rechnen, daß die Frau als Gefährtin, Freundin und Geliebte je auf ihre Weise – für die betreffenden bewußt oder unbewußt – an dem spirituellen Erleben der Mystiker beteiligt ist, auch wenn sich dies nicht in den Zeugnissen vernehmbar niederschlägt? Dem hätte die Biographik einmal nachzuspüren.

Zum anderen gibt es eine »Ökumene des Geistes«. Dabei handelt es sich um die Tatsache, daß der geistoffene Mensch – ebenfalls bewußt oder unbewußt – mit all jenen innerlich verbunden ist, die in der einen oder anderen Religionsform durch die innere Stimme angesprochen wird. Mystisch sensible Menschen, unter ihnen in den Tagen der Reformation beispielsweise Thomas Müntzer oder Sebastian Franck, setzten sich über die sattsam bekannten konfessionalistischen Pferche hinweg und wollten auch »Türken und Heiden« dabei haben.

So gibt es wohl Unterscheidendes bei der Betrachtung anderer Religionen und Konfessionen, Unterscheidendes, das keine Verharmlosung oder Einebnung duldet. Aber es gibt noch vielmehr Verbindendes, gehört es doch zum Wesen jeder Religion, zum Wesen religiöser Mystik, daß sie in ihrem Kern Ausdruck der Intensität des Glaubens, der Gotteshingabe und des Erlebens ist. Es gibt Glaubenszeugnisse, die uns unmittelbar ansprechen, während andere unserem Empfinden fremd oder gar unverständlich anmuten. Das trifft auch für die innerprotestantische Mystik und Theosophie (Gottesweisheit) zu.

In der folgenden Textauswahl soll ein erster Einblick in die Vielfalt solcher Erfahrung geboten werden. Die chronologische Reihenfolge wurde gewählt, um auch zeitbedingte Äußerungsformen sichtbar werden zu lassen.

Wenn es auf dem Feld der religiösen Mystik stets um die »Tiefe des Seins« geht und um das, was uns »unbedingt« betrifft, so sind doch die Formen des individuellen Erlebens, des Bedenkens und Bezeugens jeweils verschieden. Das bedingt schon die unterschiedliche Seelenlage, nicht am wenigsten der allgemeine Bewußtseinswandel, dem auch die Spiritualität unterliegt.

Doch bei der vorliegenden Auswahl kommt es nicht allein auf informative Gesichtspunkte an. Es reichte nicht aus, bloß wissen zu wollen, wie andere zu ihrem Erleben gekommen sind oder welche Einsichten sie gewonnen haben und welche Zeugnisse protestantischer Mystik es gibt. Wenn der alttestamentliche Psalmist einlädt: »Schmecket und sehet, wie freundlich der Herr ist!« (Ps. 34,9), dann ist – da wie dort – ein seelenaktives Teilnehmen gefordert. Bisweilen ist es ein kühnes Bild, das die eigene Schaukraft bewegt oder ein zündender Funke, der aus einem solchen Text auf den Leser, die Leserin überspringt.

Geboten werden hier Zeugnisse und Hinweise auf Innenräume christlicher Spiritualität. Es wird hingegen nicht der Anspruch erhoben, daß die mit ihren Lebensäußerungen Vorgestellten allesamt »protestantische Mystiker« seien. Denn es kann nicht darum gehen, bestimmte Menschen zu »Mystikern« zu ernennen, die eine solche Einordnung möglicherweise entschieden von sich gewiesen hätten. Aber es gibt Erfahrungen, die sich aus dem alltäglichen Zusammenhang in einer charakteristischen Weise herausheben und die mit einigen Vorbehalten auch bezeugt werden können. Daneben gibt es Hinweise auf Dimensionen innerer Wahrnehmung oder einer nach innen gerichteten Achtsamkeit. Kein Geringerer als Gerhard Tersteegen sprach mit Blick auf Johann von Bernieres-Louvigni, einen seiner französischen Gewährsleute, vom »verborgenen Leben mit Christo in Gott« (1726).

Beabsichtigt ist vor allem eine Anthologie, die zu einem gesammelten Lesen einlädt, zum meditativen Innehalten und zur eigenen Betrachtung. Andeutungen und Hinweise finden sich bereits in den Evangelien. Protestantische Mystik ist ohnehin – in einem sehr wörtlichen Sinne – evangelische Mystik. (Das Diktum »evangelisch« kann keine Konfession für sich allein beanspruchen, natürlich auch nicht die protestantische!)

Im Evangelium tritt uns beispielsweise Maria als Typus eines nach innen gewandten Menschen entgegen. Von ihr, der Mutter Jesu, heißt es nach der Schilderung der Weihnachtsgeschichte bei Lukas 2,19: »Maria aber behielt alle diese Worte und bewegte sie in ihrem Herzen.« Dieses seelenaktive Behalten und Bewegen entspricht dem an dieser Stelle verwendeten griechischen Grundwort. Es spricht von einem innerlichen Zusammenfügen (symballein). Unser Wort »Symbol« hat dieselbe sprachliche Wurzel! Es besagt: Bildausdruck und spiritueller Gehalt gehören zusammen; sie sind aufeinander bezogen. Das symbolische Bild weist über sich hinaus auf die eben nur andeutbare Wirklichkeit. So käme es von Fall zu Fall darauf an, ein Wort gemäß dem Gleichnis Jesu wie ein Samenkorn in uns wirken und Frucht bringen zu lassen. Meditativ Geübte werden sich da wohl leichter tun als jene, denen schon ein Hinweis auf eine »theologische Bedeutsamkeit« genügen sollte. Dabei zählt allein, was uns ins Herz, also in der Mitte unserer Existenz trifft.

Ergänzen läßt sich jene evangelische Schilderung durch ein Jesus-Wort aus Johannes 8,31: »So ihr bleiben werdet an meiner Rede, so seid ihr meine rechten Jünger. Ihr werdet die Wahrheit erkennen und die Wahrheit wird euch frei machen.« Um nichts Geringeres als um dieses Bleiben am Wort des Christus und an dieser befreienden Wahrheitserkenntnis geht es in der christlichen Mystik. Unnötig zu sagen, daß dasselbe »Bleiben« kein starres Festhalten an äußeren, zeitbedingten Formeln oder Formen meint, geht es doch gerade bei der Mystik in ihrer protestantischen Ausprägung um die »lebendige Stimme des Evangeliums« *(viva vox Evangelii)*, die heute und hier zum Menschen spricht. Ob und in welchem Maße noch gilt, was vor Jahrhunderten einmal etwa in sogenannten »Bekenntnisschriften« niedergelegt ist, verdient jeweils auf seine Gegenwartsbedeutung hin geprüft zu werden.

Diese knappe Andeutung kann eine gründliche Einführung in die nachreformatorische, protestantische Mystik selbstverständlich nicht ersetzen. Doch sei an dieser Stelle um der gebotenen Nüchternheit willen zumindest daran erinnert, daß auch spirituelle Zeugnisse gemäß einem Paulus-Wort in »irdenen Gefäßen« (2. Kor. 4,6) aufgefangen worden sind. Sie sind und bleiben daher Zeugnisse von Menschen, denen nichts Menschlich-Allzumenschliches fremd ist. Sie sind, wie alles menschliche Tun, dem Irrtum unterworfen wie dem Mißverständnis und dem Widerspruch. So kann es nicht verwundern, wenn Träger mystischer Erfahrung – auch im Protestantismus – bisweilen des Sektierertums oder der Ketzerei verdächtigt werden. Weder der temperamentvolle Reformator noch der eine oder andere seiner Anhänger blieben davor verschont, geistesverwandten Mitchristen mit Skepsis, ja mit energischer Gegenrede zu erwidern. Luthers ebenso vernichtende wie ungerechtfertigen Urteile über seine einstigen Parteigänger, etwa Andreas Bodenstein, Thomas Müntzer oder Sebastian Franck sind bekannt. Daher wird es gegebenenfalls nötig sein, daß man einzelne Äußerungen am Gesamtzeugnis des betreffenden Autors prüft.
Da oder dort mag nun das Bedürfnis bestehen, bestimmte Wortlaute in einem größeren Zusammenhang auf sich wirken zu lassen. Abschließende Quellenangaben und weiterführende Literaturweise ermöglichen das. Bei der bewußt knapp gehaltenen Auswahl wurden nach Möglichkeit Textausgaben und Darstellungen genannt, die heute leicht zugänglich sind.

Martin Luther (1483–1546) und die »Theologia Deutsch«

Protestantische Mystik beginnt bereits bei Luther selbst, und zwar in jenen Jahren, in denen er als junger Augustinermönch um die »Gerechtigkeit Gottes« gerungen hat. Die Predigten des Eckhart-Schülers Johannes Tauler (14. Jahrhundert) waren ihm so wichtig geworden, daß er auch in seinen Vorlesungen auf die von Tauler realisierte Spiritualität aufmerksam machte. Der reformatorische Durchbruch Luthers und seine Bereitschaft, die Zeugnisse der mittelalterlichen Mystik zu befragen, gehören zeitlich wie substantiell eng zusammen.

Es war kein Zufall, daß der Wittenberger Ordensmann und Hochschullehrer von einer kleinen deutschsprachigen Schrift stark beeindruckt wurde – der »Theologia Deutsch«, nach ihrem Fundort auch: »Der Frankfurter« genannt. Der aus 54 Kapiteln bestehende Text ist vom Ansatz her bereits eine «reformatorische« Schrift, insofern er auf die Umformung und die religiöse Erneuerung des Menschen hinzielt. Luther betrachtete das anonym gehaltene Büchlein als eine Veröffentlichung »nach Art des Doktor Tauler« und gab selbst die Schrift zweimal heraus. Bezeichnenderweise war dies im Jahr 1516 und 1518, also ein Jahr vor beziehungsweise nach dem sogenannten Thesenanschlag von 1517. So ist die protestantische Spiritualität durch die »Theologia Deutsch« als einer Grundschrift der deutschen Mystik ebenso mit der Tradition der alten Kirche verknüpft wie mit Luthers Durchbruch zu der reformatorischen

Erkenntnis von der Rechtfertigung des Gottlosen »allein aus Gnaden«. Luthers Urteil lautet hierzu:

Mir ist nächst der Bibel und Sankt Augustinus nicht vorkommen ein Buch, daraus ich mehr erlernt habe und erlernt haben will von dem, was Gott, Christus, Mensch und alle Dinge sind... Also lese dies Büchlein, wer da will, und sage dann, ob die Theologie bei uns (in Wittenberg) neu oder alt sei; denn neu ist das Buch ja nicht. Werden sie aber wie vormals sagen, wir seien (hier in Wittenberg) ›deutsche‹ Theologen, so lassen wir das gut sein. – Ich danke Gott, daß ich in deutscher Zunge meinen Gott also höre und begegne, wie ich und sie mit mir bisher nicht gefunden haben, weder in lateinischer, griechischer noch hebräischer Zungen. Gott gebe, daß noch mehr von solchen Büchlein an den Tag kommen ...

Luthers hohe, ja viel zu hohe Einschätzung einer solchen mystisch getönten Schrift ist wohl nicht auf die Goldwaage zu legen. In seiner Vorrede kommt jedoch zum Ausdruck, wie wichtig es dem werdenden Reformator ist, daß religiöse Erfahrung nicht in einer abgehobenen Gelehrtensprache widergegeben wird, sondern in der von ihm so gerühmten und geliebten Muttersprache. – Die »Theologia Deutsch« beginnt, indem sie sich an Menschen wendet, die als wahrhafte Gottesfreunde genannt zu werden verdienen:

Hier hebt an der Frankfurter
und sagt gar hohe und gar schöne Dinge
von einem vollkommenen Leben:

Dies Büchlein hat der allmächtige, ewige Gott ausgesprochen durch einen weisen, verständigen, wahrhaftigen gerechten Menschen seinem Freund, der da vor Zeiten gewesen ist ein Deutschherr, ein Priester und ein Kustos in der Deutschherren Haus zu Frankfurt; und lehret gar manchen lieblichen Unterschied göttlicher Wahrheit und besonders, wie und woran man erkennen mag die wahrhaftigen gerechten Gottesfreunde und auch die ungerechten, falschen ›freien Geister‹, die der heiligen Kirche gar schädlich sind.

Das erste Kapitel: Was das Vollkommene sei ...
Sankt Paulus spricht also: Wenn das Vollkommene kommt, so vernichtet man das Unvollkommene und das Geteilte.
Nun merke: Was ist das Vollkommene und das Geteilte?
Das Vollkommene ist ein Wesen, das in sich und in seinem Wesen alle Wesen begriffen und beschlossen hat, und ohne das und außer dem kein wahres Wesen ist und in dem alle Dinge ihr Wesen haben; denn es ist aller Dinge Wesen und ist in sich selber unwandelbar und unbeweglich, und verwandelt und bewegt alle anderen Dinge.
Aber das Geteilte oder das Unvollkommene ist das, was aus diesem Vollkommenen entsprungen ist oder wird, recht wie ein Glanz oder Schein, der da ausfließt aus der Sonne oder aus einem Lichte und bescheint etwas, dies oder das. Und das heißt Kreatur, und von allen diesen Geteilten ist keines das Vollkommene ...
Und gleichwie die Sonne ihren klaren Schein nicht verbergen kann, sondern die Welt erleuchten muß, also

will sich auch Gott, der das höchste Gut ist, vor niemanden verbergen, außer wo er eine andächtige Seele findet, die gänzlich gereinigt ist von allen Kreaturen. Denn soviel wir uns frei machen von dem Kreatürlichen, soviel werden wir empfänglich für den Schöpfer... Denn soll mein Auge etwas sehen, so muß es gereinigt werden oder frei sein von allen andern Dingen.

Wie bekannt, ist Martin Luther nicht allein ein Leser und Herausgeber dieser mystischen Texte gewesen. Er wußte durchaus zu differenzieren. Ihm war sehr wohl bewußt, wie wichtig es ist, biblische Nüchternheit walten zu lassen. Doch mystisches Denken und Vorstellen blitzt immer wieder auch in seinen eigenen Schriften, in seinen Predigten und Vorlesungen auf, so beispielsweise in seinen Betrachtungen über das Leiden Christi. Wie den Wegbereitern der mittelalterlichen Spiritualität geht es ihm darum, daß der Mensch »gleichförmig« werde. Es ist diese Haltung *(conformitas)* des Menschen, die sich nicht damit begnügt, nur die Lehre der Kirche zu glauben oder den Kultus zu vollziehen und die Sakramente zu empfangen, weil eine äußere Institution, eben die Kirche, dies von ihm verlangt. Vielmehr geht es einem Mystiker, einer Mystikerin in erster Linie darum, einen inneren Anschluß an Christus zu gewinnen; einen inneren, auf eigene Erfahrung gestützten Zugang zum Wort der Schrift. Dieses Wort verbürgt Freiheit im Geist, und zwar bei gleichzeitiger Verantwortung gegenüber dem Mitmenschen. So ist es unter anderem dargelegt in Luthers reformatorischer Hauptschrift »Von der Freiheit eines Christenmenschen« (1520):

Zum ersten: Damit wir gründlich mögen erkennen, was ein Christenmensch sei, und wie es stehe um die Freiheit, die ihm Christus erworben und gegeben hat, davon Sankt Paulus viel schreibt, will ich diese beiden Sätze aufstellen:
Ein Christenmensch ist ein freier Herr
über alle Dinge und niemand untertan.
Ein Christenmensch ist ein dienstbarer Knecht
aller Dinge und jedermann untertan.
Zum andern: Diese zwei einander (scheinbar) widersprüchlichen Reden von der Freiheit und Dienstbarkeit zu begreifen, sollen wir gedenken, daß ein jeglicher Christenmensch von zweierlei Natur ist, nämlich von geistlicher und leiblicher.
Nach der Seele wird er ein geistlicher, neuer, innerlicher Mensch genannt; nach dem Fleisch und Blut wird er ein leiblicher, alter und äußerlicher Mensch genannt. Und um dieses Unterschiedes willen wird von ihm gesagt in der Schrift, die sich geradezu widerspricht, wie ich jetzt von der Freiheit, andererseits von der Dienstbarkeit gesagt habe.

Am Beispiel des Sermons »Von der Betrachtung des heiligen Leidens Christi« (1519) zeigt Luther, was es heißt, Christi Leiden zu »bedenken«, d.h. betrachtend, meditierend, erkennend in die eigene Mitte zu nehmen:

Die bedenken das Leiden Christi recht, die ihn so ansehen, daß sie herzlich davor erschrecken und ihr Gewissen gleich in ein Verzagen versinkt …
Der ganze Nutzen des Leidens Christi ist ganz daran gelegen, daß der Mensch zu seiner selbst Erkenntnis

kommt und vor sich selbst erschrickt und zerschlagen wird. Und wo der Mensch nicht dahin kommt, ist ihm das Leiden Christi noch nicht richtig aufgegangen. Denn das eigene natürliche Werk des Leidens Christi ist, daß es ihm den Menschen ***gleichförmig***[1] *macht: daß wie Christus an Leib und Seele jämmerlich in unseren Sünden gemartet wird, so müssen wir auch ihm nach so gemartert werden im Gewissen von unseren Sünden. Es geht auch hier nicht mit vielen Worten ab, sondern mit tiefen Gedanken und Ernstnehmen der Sünden.*

Dem Bild und Leiden Christi mußt du ***gleichförmig*** *werden, es geschehe in diesem Leben oder in der Hölle … Drum sollst du Gott bitten, daß er dein Herz erweiche und lasse dich fruchtbar Christi Leiden bedenken. Denn es ist auch nicht möglich, daß Christi Leiden von uns selber gründlich bedacht werden kann, es sei denn, Gott senke es in unser Herz.*

So befremdlich diese noch stark mittelalterlich anmutende Leidensmystik ist, deutlich kann doch werden, daß der Schreiber solcher Gedanken als einer spricht, der die meditative Praxis kennt, etwa die, die er seinen Kollegen in dem Buch *»Ratio vivendi sacerdotum«* (Wie ein Priester leben soll) ans Herz gelegt hat:

Am Abend mußt du auf jeden Fall eine Stelle aus der Heiligen Schrift im Gedächtnis mit dir zu Bette neh-

1 Alle fett gedruckten Hervorhebungen in diesem Buch sind Hervorhebungen des Autors Gerhard Wehr.

men, womit du, wiederkäuend[2] *wie ein reines Tier, sanft einschlafen magst. Es soll aber nicht viel sein, eher ganz Weniges, aber gut durchdacht und verstanden. Und wenn du am Morgen aufstehst, sollst du es wie die Hinterlassenschaft von gestern vorfinden.*

Wichtig ist dem Reformator die jeweilige Geist-Unmittelbarkeit dessen, was die Heilige Schrift bezeugt. Als richtungweisend und für jede Bibellesung kann gelten, was er am Eingang seiner Auslegung zum Lobgesang der Maria *(Magnificat)* gesagt hat. In Lukas 1 beginnt dieser Lobgesang so:
»Meine Seele erhebet den Herrn und mein Geist freuet sich Gottes meines Heilandes, denn er hat die Niedrigkeit seiner Magd angesehen. Siehe, von nun an werden mich selig preisen alle Kindeskinder. Denn er hat große Dinge an mir getan, der da mächtig ist und des Name heilig ist …« Luther bemerkt hierzu, indem er auf das Moment der Innenwahrnehmung und Erfahrung aufmerksam macht:

Um diesen heiligen Lobgesang seiner Ordnung nach zu verstehen, ist zu beachten, daß die hochgelobte Jungfrau Maria aus der eigenen Erfahrung heraus redet, in der sie durch den Heiligen Geist erleuchtet und gelehrt worden ist.
Denn es kann niemand Gott oder Gottes Wort recht

---

2 Es handelt sich um den in der mystischen Tradition seit Jahrhunderten geläufigen Begriff der *»ruminatio«*, was zwar wörtlich auf das Wiederkauen des Rindes hinweist. Gemeint ist aber ein spirituelles Verarbeiten dessen, was man als Wort, Bild oder Symbol empfangen hat.

verstehen, wenn er es nicht unmittelbar vom Heiligen Geist hat. Niemand kanns aber von dem Heiligen Geist haben, wenn er es nicht erfährt, versucht und empfindet. In dieser Erfahrung lehrt der Heilige Geist als in seiner eigenen Schule. Außerhalb dieser wird nichts gelehrt als nur auf Schein bedachtes Wort und Geschwätz. So ist es bei der heiligen Jungfrau.
Nachdem sie an sich selber erfahren hat, daß Gott an ihr so große Dinge wirkt, obwohl sie doch gering, unansehnlich, arm und verachtet gewesen war, lehrt sie der Heilige Geist diese reiche Erkenntnis und Weisheit: daß ein solcher Herr sei, der nichts anderes zu schaffen habe, als nur zu erhöhen, was niedrig ist, zu erniedrigen, was da hoch ist, kurz: zu zerbrechen, was da gemacht ist, und ganz zu machen, was zerbrochen ist ...
Aus dieser Grunderfahrung fließt nun die Liebe zu Gott und sein Lob.
So macht es auch hier die feine Mutter Christi und lehrt uns durch das Beispiel ihrer eigenen Erfahrung und durch ihre Worte, wie man Gott erkennen, lieben und loben soll. Denn mit fröhlichem, freudig springendem Geist rühmt sie sich hier und lobt Gott, er habe sie angesehen, obwohl sie niedrig und nichts gewesen ist.

Nun ist mystische Innerlichkeit sich nicht selbst genug! In dem Bewußtsein, daß nur das Wert hat, was zur Tat wird, hob Luther bereits in seiner Heidelberger Disputation von 1518, bei der er seinen reformatorischen Ansatz erläuterte, die Zusammengehörigkeit von Spiritualität und Tätigsein hervor:

Sobald Christus in uns durch den Glauben Wohnung nimmt, bewegt er uns zu Werken durch jenen lebendigen Glauben an seine Werke. Die Worte nämlich, die er selbst tut, sind die Erfüllung von Gottes Geboten, uns durch den Glauben geschenkt. Schauen wir sie an, so werden wir zur Nachfolge bewegt. Darum sagt der Apostel: ›So seid nun Gottes Nachfolger als seine lieben Kinder.‹ So entzünden sich Werke der Barmherzigkeit an seinen Werken, durch die er uns erlöste, wie der heilige Gregor sagt: ›Jede Tat Christi ist uns eine Lehre, nein, ein Antrieb.‹ Ist sie nun darum in uns wirksam, so ist sie in uns lebendig durch den Glauben. Mit Ungestüm lockt sie uns nach dem Worte: ›Ziehe mich dir nach. Wir laufen nach dem Geruch deiner Salben, das heißt: deiner Werke‹.

Thomas Müntzer (1490–1525): Himmel und Erde sind voll, voll Gottes

Kein anderer unter den Reformatoren hat den Inhalt des Magnificat (Luk. 1) bis in die sozialrevolutionäre Konsequenz hinein so ernst genommen wie Thomas Müntzer, ein anfänglicher glühender Parteigänger, dann ein ebenso entschiedener Gegner Luthers. Auch er war vom Geist der Mystik ergriffen. Seine Hochschätzung der Predigten Taulers und der *Theologia Deutsch* teilte er mit dem Reformator. Auch andere Schriften aus der mittelalterlichen Mystik hatte sich der belesene Prediger verschafft. Aber anders als der Wittenberger nahm er ganz wörtlich, wenn es im Lobgesang der Maria heißt, daß Gott die Gewaltigen vom Thron stößt und die Erniedrigten erhöht. Für Müntzer stand es außer Zweifel, daß es darum gehen müsse, das Los der verarmten und gedemütigten Bauern handgreiflich zu erleichtern und – notfalls mit Gewalt – gegen »die großen Hansen« vorzugehen. So in vielfältiger Weise geschehen im Bauernkrieg des Jahres 1524/25, in dem sich der gegen Luther energisch agierende Müntzer in der Schlacht bei Frankenhausen als Feldprediger betätigte. Er war Mystiker und ein zur revolutionären, das göttliche Endgericht vollziehenden Tat Entschlossener. Sein berühmtes »Prager Manifest« schrieb er im selben Jahr 1521 nieder, in dem Luther in Worms vor Kaiser und Reich stand und anschließend auf der Wartburg seine Magnificat-Auslegung abschloß. Nach jener Schlacht von Frankenhausen, bei der die mitteldeutschen Bauern

einen gewaltigen Blutzoll zu zahlen hatten, wurde Müntzer – im Grunde mit Zustimmung Luthers – gefoltert und ermordet.
In der erweiterten deutschen Fassung des »Prager Manifestes« wendet er sich einerseits gegen die »verräterischen Pfaffen«, die Theologen, Priester und Prediger seiner Zeit, und macht auf »die Stimme des Bräutigams« aufmerksam. Kein anderer als der kommende Christus wird in der Mystik als Bräutigam angesprochen. Und was die Theologen anlangt, um deren geistliche Vollmacht Müntzer besorgt ist, lautet seine Forderung:

> *Es sollen alle rechten Pfaffen Offenbarungen haben, damit sie ihrer Sache gewiß sind ... Wo der Samen auf den guten Acker fällt, das ist: in die Herzen, die der Furcht Gottes voll sind, das ist dann das Papier und das Pergament, darein Gott nicht mit Tinte, sondern mit seinem lebendigen Finger schreibt als die rechte heilige Schrift, die die äußere Bibel dann recht bezeugt. Und es ist auch kein gewisseres Gezeugnis, das die Bibel wahrmacht, als die lebendige Rede Gottes, da der Vater den Sohn im Herzen des Menschen anspricht. Diese Schrift können alle auserwählten Menschen lesen, die mit ihren geistlichen Pfunden wuchern ... Aber der Ungläubige will auf keinem Weg in seinem Leiden Christus* ***gleichförmig*** *werden; nur mit honigsüßem Gedanken will ers ausrichten ...*
> *Wer nicht unmittelbar aus dem Munde Gottes das rechte lebendige Wort hört und unterscheidet, was Bibel und was Babel ist, der ist nichts anderes als ein totes Ding ...*

Ich begehre nichts anderes von euch, meine allerliebsten Böhmen, als daß ihr das lebendige Wort Gottes aus Gottes eigenem Munde selber mit Fleiß studieren sollt. Dadurch werdet ihr selber sehen, hören, greifen, wie die ganze Welt durch die tauben Pfaffen verführt worden ist. Helft mir um des Blutes Christi willen, wider solche große Feinde des Glaubens zu fechten! Ich will sie vor euren Augen im Geist des Elia zuschanden machen. Denn in eurem Lande wird die neue apostolische Kirche angehen, danach überall.

Im 14. Abschnitt seines Büchleins »Von dem gedichteten Glauben«, also von der Kritik an jenen, die es an seelsorgerlicher Rechtschaffenheit mangeln lassen, geht auch er auf das geistliche Konformwerden (con-formitas) mit Christus ein:

Sieh an, du auserwählter Bruder, das 16. Kapitel Matthäi Wort für Wort. Du wirst finden, daß niemand an Christus glauben kann, er muß ihm zuvor gleich werden. Durch den Unglauben hindurch, wenn ihn der Auserwählte findet, verläßt er allen seinen gedichteten Glauben, alles was er nach der Weise der Schrift gelernt, gehört und gelesen hat. Denn er sieht, daß ein bloß äußerliches Gezeugnis in ihm kein Wesen hervorbringen kann, sondern es dient ihm allein dazu, wozu es geschaffen ist. Darum kehrt er sich nicht an alles bloße Sagen der unerfahrenen Menschen, sondern ist begierig nach der Offenbarung.

Müntzer, dessen Leben bereits in der Lebensmitte jäh abbrach, blieb wenig Zeit, spirituell zu wirken, die

Deutsche Messe (vor Luther!) zu praktizieren und in flammenden Predigten, seine eigene Geisteserfahrung zu bekunden. In einer seiner liturgischen Schriften, betitelt »Ordnung und Berechnung des Deutschen Amtes zu Allstedt«, liest man die eindringlichen Worte:

Der Mensch soll und muß wissen, daß Gott in ihm sei, daß er nicht irgend etwas ausdichte oder ersinne, als sei er tausend Meilen von ihm entfernt, sondern vielmehr erkenne, wie ***Himmel und Erde voll, voll Gottes*** *sind und wie der Vater den Sohn in uns ohne Unterlaß gebiert und der heilige Geist nichts anderes als den Gekreuzigten in uns durch herzbewegende Betrübnis erklärt. Darüber gebricht uns nichts anderes, als daß wir unsere Blindheit nicht erkennen …*
So ist es uns vonnöten, aufs allerherrlichste die allerherrlichsten Worte Christi zu halten, alle Menschen an diesem Leben zu zeigen, und zwar durch den, der sein Gedächtnis, Wesen und Wort in der Seele des Menschen haben will.

Und als Müntzer Gelegenheit gegeben ist, in der sogenannten »Fürstenpredigt« von 1523 auf dem Schloß zu Allstedt/Sachsen seinen Landesfürsten von seinem Tun Rede und Antwort zu stehen, versäumt er es nicht, auch ihnen zu sagen, aus welcher Quelle das ihm anvertraute Wort stammt:

Wenn der Mensch den Vorwitz des natürlichen Lichts (seines Verstandes) durchschaute, würde er ohne Zweifel (mangels Erfahrung) sich nicht mit gestohlener Schrift behelfen wie die Schriftgelehrten (seiner Zeit), sondern er würde bald empfinden die Wirkung des göttlichen Wortes aus seinem Herzen quellen ... Die Schriftgelehrten verhindern dem Wort seinen Gang, welcher vom Abgrund der Seele herkommt, wie Moses sagt: ›Das Wort ist nicht weit weg von dir; es ist in deinem Herzen ...‹ Nun fragst du vielleicht, wie kommt es ins Herz? – Antwort: Es kommt von Gott hernieder mit großer Erschütterung.

Hans Denck (um 1500–1527): Du mußt auch in Gott sein

Der junge aus Oberbayern stammende Schulmeister Hans Denck, erst Lehrer in Donauwörth und Regensburg, von 1523 an Rektor an der Nürnberger Sebaldus-Schule, mußte wegen seiner täuferischen Gesinnung schon nach kurzer Tätigkeit die freie Reichsstadt verlassen, um in Augsburg bei Gleichgesinnten Unterschlupf zu finden. In seinem an den Nürnberger Stadtrat gerichteten Bekenntnis, legt er (1525) dar, wie wichtig ihm der innere Läuterungsprozeß eines Christenmenschen ist.

Der Mensch, der von Natur aus an Leib und Seele unrein ist, wird von außen vergeblich gewaschen werden, wenn man nicht von innen den Anfang nimmt, aufweicht und auswringt.
Das allmächtige Wort Gottes kann allein herabkommen und eindringen in den harten Abgrund der Unreinheit des Menschen, gleich wie in dürres Erdreich von einem guten Regen aufgeweicht wird. Wo dies geschiehet, da erhebt sich ein Krieg im Menschen, ehe sich die Natur ergibt.

Im darauffolgenden Jahr (1526) gibt er auf kritische Fragen seiner Leser freimütig Antwort:

Sprichst du: Wenn es denn einen Gott ganz und gar nicht fehlt und das Hindernis nur an mir ist, so liegt es auch an mir, daß ich selig werde. So haben wir die Seligkeit von Gott nicht durch Christus, sondern von uns selbst. – Antwort: Die Seligkeit ist in uns, aber nicht von uns, gleich wie Gott in allen Kreaturen ist, aber deshalb nicht von ihnen, sondern sie ist in ihm, dann ist Gott in mir. So ist auch alles in mir, was Gott gehört, nämlich Allmächtigkeit, Gerechtigkeit und Barmherzigkeit. Glaube ich es nicht, so bin ich ein Lügner und es ist dennoch wahr, daß Gott geredet hat. Er erfüllt Himmel und Erden, das heißt alle Kreaturen.

Sprichst du: Wenn die Seligkeit in mir ist, was fehlt mir dann noch; bin ich nicht schon selig? – Antwort: Nein. – Warum? Das ist nicht genug, daß Gott in dir ist, sondern du mußt auch in Gott sein. – Wozu ist es nutz, daß du Gott hast und nicht Gott ehrest? Was hilfts, daß er dich von Anfang an durch sein Wort erschaffen und zu seinem Kind gemacht hat, wenn du dich nicht hältst wie wie ein Kind? Kann er dich nicht enterben, obwohl er dir das Erbe mit all den andern Kindern gleich versprochen hat?

Kaspar Schwenckfeld (1489–1561): Christus im Geist erkennen

Ähnlich wie Thomas Müntzer, so hat auch der schlesische Landedelmann Kaspar Schwenckfeld schon in jungen Jahren Luthers Schrifttum kennen und in der Gestalt seines mystisch-spirituellen Ansatzes schätzen gelernt. Während aber der Wittenberger Reformator in dieser Hinsicht eine Wandlung durchmachte und durch Müntzer, durch Karlstadt und andere veranlaßt die Gefahr eines einseitigen Spiritualismus fürchtete, verstärkte sich in Schwenckfeld eben dieses Bedürfnis nach Innerlichkeit. An dieser Geisteshaltung hielt er im Laufe der Jahre fest. Einerseits setzte er sich aufgrund seiner soliden theologischen Bildung und ernsten Frömmigkeit für die Durchführung der Reformation in seiner schlesischen Heimat ein. Andererseits gab er – im Gegensatz zu Luther – einem spirituellen, die geistliche Seite des Abendmahls betonenden Sakramentsverständnis den Vorzug. Die irdischen Zeichen, Brot und Wein als die leibhafte Entsprechung für Leib und Blut Christi, traten für ihn immer mehr in den Hintergrund. Das führte zur Gegnerschaft mit den Lutheranern, unter denen Schwenckfeld zu leiden hatte, wohin er in seinem bewegten Leben als reisender Prediger und Autor kam. Der sehr fruchtbare Schriftsteller trat seinen Widersachern entgegen mit den Worten:

Ihr redet auch vom Glauben der Worte. Ich bitte, Ihr wollts mir verzeihen: Unser christlicher Glaube ist ein ander Ding. Er ist nicht auf einen toten Buchstaben, der ohne Verstehen geglaubt werden muß, gegründet. Zu meinen, daß man es so halten muß, ist nichts anderes als ein erdichteter Wahn, ... und ich bin der Meinung: Wenn Ihr Euer Gewissen recht erforscht, werdet Ihr herausfinden, daß Ihrs nie je wirklich geglaubt, sondern Euch selbst dazu überredet habt, daß das sichtbarliche Brot der wahre Leib Christi sei. Wozu wäre auch solcher aufgenötigter Glaube nütze. Christus wollte unsern Glauben nicht auf äußerliche, leibliche Dinge gründen, die empfindbar und sichtbar sind. Der Glaube ist unsichtbar und befaßt sich mit unsichtbaren Dingen (Hebräer 11,1).

Etwa von seiner Lebensmitte an vertiefte sich Schwenckfeld immer stärker in die mystische Tradition und gab selbst eine Reihe von ebensolchen Schriften heraus, darunter die weit verbreitete »Nachfolge Christi«, die Thomas von Kempen zugeschrieben wird. Das ganze Geschehen zwischen Gott und Mensch betrachtet Schwenckfeld als einen Prozeß der Erneuerung und der Wiedergeburt des Menschen. Christus beginnt in dem wiedergeborenen Menschen zu sprechen. Und er, der Wiedergeborene, soll darauf bedacht sein, ihm in seinem alltäglichen Leben »gleichförmig« zu werden. Wie geschieht das?

Christus im Geist erkennen, heißt: im Herzen die Macht und Weisheit Gottes, welcher Christus ist, zu wissen und zu fühlen. Es bedeutet, im Innern, in den innersten Schlupfwinkeln des Herzens, die göttlichen Gaben und Mächte der kommenden Welt zu fühlen, ja zu schmecken, wie süß und angenehm der Herr ist. Es bedeutet, von dem Vater selbst das lebendige Wort Gottes zu hören und zu lernen und sich daran zu erfreuen, das heißt: die Gerechtigkeit Gottes zu fühlen und so wahrlich und mit großer Gewißheit die Genugtuung Christi, sein Heil und die Heiligung zu erfahren. Wer die errettende Erkenntnis Christi hat, hat Christus, und wer Christus hat, hat Gott und alle Gerechtigkeit.

Unter Berufung auf das Johannesevangelium (Kap. 8,47) hat sich in Schwenckfeld die Überzeugung gebildet, daß die Stimme des Evangeliums und die unmittelbare Anrede Gottes nur durch den in Christus »erneuerten Menschen« vernommen werden kann:

Die Heilige Schrift erfordert vor allem Menschen Gottes und reife geistliche Leser und Auslegende, das heißt Gläubige, die aus Gott geboren sind, die einen guten Lebenswandel führen, der ihrem Glauben entspricht.

Sebastian Franck (1499–1542): Wider alle Veräußerlichung

Auch bei Sebastian Franck aus Donauwörth ist ein kirchenkritischer, ja bisweilen ein kämpferischer Ton vernehmbar, wenngleich er nie die Schärfe eines Thomas Müntzer angenommen hat. Den jungen Theologen, der neben Hans Denck in Ingolstadt mit seinen akademischen Studien begann und der einige Jahre im Fränkischen als Dorfpfarrer tätig gewesen ist, haben Luther und die Anfänge der Reformation zunächst begeistert. Mit großer Wahrscheinlichkeit war er als Theologiestudent zugegen, als Luther im Jahre 1518 seine erwähnte Heidelberger Disputation bestand. Doch weil auch er die Notwendigkeit erkannte, daß christlicher Glaube im konkreten Leben Früchte tragen müsse, beendete er seine Luther-Nachfolge. Diejenigen, die die »Freiheit eines Christenmenschen« mißdeuteten und zu ihren Gunsten auslegten, boten allzu negative Beispiele eines unchristlichen Lebens. Franck begründete in Nürnberg eine Familie und trat als ein weithin beachteter, jedoch von der lutherischen Bücherzensur hart bedrängter Schriftsteller an die Öffentlichkeit. Die Reformatoren, an ihrer Spitze Luther und Melanchthon, waren sich für keine Diffamierung des unerschrockenen Publizisten zu schade. Der mystisch motivierte Autor war im übrigen bestrebt, die konfessionelle Enge im Christentum zu überwinden, und für religiöse Toleranz, für Frieden und die Freiheit des Geistes einzutreten. Deshalb ist ihm die durch Luther bekannt gewordene

»Theologia Deutsch« nicht minder wichtig als die humanitäre Gesinnung, der er bei Erasmus von Rotterdam begegnet ist. Grundlage ist auch für Sebastian Franck das Buch der Bücher, freilich erst dann, wenn die Heilige Schrift durch »Licht, Leben und Auslegung des Geistes« für jedermann einsichtig geworden ist. Entscheidend ist für ihn die Wirksamkeit des Geistes als eine erleuchtende, das Leben erneuernde und verwandelnde Kraft. Energisch tritt er gegen jede Veräußerlichung ein, die er auch bei denen antrifft, die wortreich behaupten, »reformatorisch« zu sein, jedoch ein lasterhaftes Leben führen und über wortreiche »Bekenntnisse« nicht hinauskommen. Vergangenheit und Gegenwart sieht dieser energische Kritiker des Protestantismus so:

> *Vor uns waren Werkheilige ..., jetzt sind sie Wortheilige und Maulchristen ... Wann greifen wir das Evangelium einmal mit der Tat an? Warum predigen wir denn das Wort so schläfrig? Wann greifen wir einmal die Sache mit Ernst an? Aber wir legen die Sache in die langen Truhen, scherzen mit Gottes Wort wie die Katz mit der Maus.*

In seinem als eine Sammlung von »Wunderreden« verstandenen Spätwerk mit der Überschrift *»Paradoxa«* umreißt er den Gesamtumfang seiner Mystik. Kann man bei manchen protestantischen Mystikern den Eindruck gewinnen, daß für sie (z.B. für Kaspar Schwenckfeld) Innen- und Außenwelt spiritualistisch (d.h. das Spirituelle überbetonend) auseinandergerissen erscheinen, so hebt Franck die Zusammengehörigkeit von Natur und Geist, von Schöpfung und Schöpfer deutlich hervor. Christliche Mystik darf jedenfalls niemals auf eine welt- und wirklichkeitsfremde Innerlichkeit reduziert werden. Dies war übrigens eine – teils begründete, teils unbegründete – Sorge, die Luther veranlaßte, sich gegen die sogenannten »Schwarmgeister« zu wenden! Das Wort ist in Christus Fleisch geworden! Daran hält Sebastian Franck fest, wenn er die ganze Vielgestalt des Lebens als Ort der Gottesbegegnung auffaßt:

> *Gott ist alles in allem, die Natur, das Glück, aller Wesen Wesen, aller Tugend Tugend. In ihm sind alle Dinge beschlossen. Es regt sich, webt und lebt in ihm, in seiner Hand weiset und wendet er alle Dinge.*
> *Summa: alles Ding ist ein leeres Stroh und ein lauter Nichts, wenn man das Wesen Gottes nicht darin ergreift, besitzt und hat. Er ist des Weines, Weibes, Mannes, Kindes, Geldes, Reichtums und aller Kreaturen Wesen, Seele, Kraft und Nachdruck. Wer nun nichts in Gott hat und reich ist (Luk. 12), der hat, indem er hat, letztlich doch nichts … Wer ihn nicht hat in seinem Herzen und die Kreatur ohne Gott und außer Gott ergreift, der hat viel weniger, denn das er hat. Ursache: er hat den Kern und das Wesen dieses Dinges nicht, nämlich Gott, sondern nur die Schale und Figur dieses Dinges …*
> *Es ist ein wunderbarlicher, verborgener Gott, dessen Werke alle wunderbarlich und so ganz und gar verborgen sind, der mit der verkehrten Welt durchaus auch so verkehrt ist, daß gewöhnlich jene, die man als reich schätzt und achtet, in Wahrheit arm, elend und ganz in Not lebende Bettler sind …*

Kurzum, außer Gott ist nichts. Außer Gott kann niemand etwas wissen, haben oder leben. Wer Gott nicht hat, der hat nichts. Wer Gott nicht weiß, der weiß nichts. Wer nicht in Gott lebt, der ist lebendig tot.

Auf Jesus Christus bezogen heißt das, innere Teilhabe an seinem Sein und Leben, wie es sich in den Bildern des Evangeliums vor aller Augen steht. An der spirituell-mystischen Einwohnung und Kommunion Christi ist daher Franck besonders gelegen:

Christus ist in uns und nicht außer uns. Er ist unsere Gerechtigkeit, unser Heil und Leben, daß wir, von Adam in ihn versetzt, aller Dinge seinem Bilde ähnlich werden und uns an dieses Muster, das er uns vorgetragen hat, halten. Ja, daß er selbst in uns lebe. Denn wie Christus unser Fleisch ist, also muß er auch in uns geboren werden, leben, sterben, erstehen und gen Himmel fahren. Seine Geschichte, sein Leiden und seine Auferstehung muß in allen seinen Gliedern vollführt werden, auf daß wir mitleben wie mitleiden und wir alle Christus sind, der allein in den Himmel steigt (Joh. 3).

Das heißt, daß beispielsweise das Kirchenjahr samt allen auf den Weg Christi bezogenen Gedenktage und Feste nicht allein zu Formen eines äußeren oder gar veräußerlichten Brauchtums werden dürfen. Vielmehr erlangen die Inhalte des christlichen Glaubensbekenntnisses erst dann für uns volle Bedeutsamkeit, wenn wir sie meditativ zu einem Bestandteil unseres geistlichen Lebens machen.

Christus muß auch dich und mich annehmen, unser Fleisch und Blut werden. Und das Wort muß auch in uns Fleisch werden, geboren werden, leiden, sterben, erstehen und in Christo gen Himmel fahren. Der Einfluß dieses Weinstocks muß durch alle Reben gehen (Joh. 15) ...
Darum gilt es nur, sich gelassen Gott ergeben und Christum anziehen, ihn essen und in ihn versetzt werden, welches die Schrift mit einem gar kurzen, aber weit um sich greifenden Namen nennt, nämlich: ***in Christum****, und nicht an Christum glauben, in Christo bleiben (Joh. 15). Damit er in uns fließe, sonst ist uns Christus kein Nutz, wenn wir uns auch seiner rühmen (indem wir sagen: Herr, Herr).*

Es geht um einen Prozeß, der beides umschließt: einen spirituellen Erkenntnisakt und eine Wesenswandlung, das Leben des »neuen Menschen«, von dem auch Luther in seiner Auslegung zum Hauptstück von der Heiligen Taufe (Kleiner Katechismus) spricht. Franck fährt fort:

Wenn ich Christus mit geistlichen Augen und nicht wie die Pharisäer allein von außen ansehe und erkenne ihn im Geist, was Gott mit ihm, ja ***in ihm*** *gemeint habe, wie er uns damit hofiert, gedient, uns gemeint, gewählt und zu sich habe ziehen wollen und darum ins Fleisch gekommen sei, daß er uns vergotte.*
Ja, Gott muß Christus selbst in mir zu erkennen geben, – denn niemand kennt den Sohn, als der Vater, und niemand den Vater als der Sohn, und wem es der Sohn will offenbaren (Matth. 11). So erfinde und begreife

bloß Gott in Christo, sein väterliches, treues, liebes Herz, daß er alles meinethalben ist.
Also wird das Fleisch Christi geistlich und eine Speise der Seele, wenn ich diese und dergleichen Verfaßtheit Christi in meinem Herzen erwäge, mit dem Glauben erfasse und mit geistlichen Augen ansehe, so speist es meine Seele und gibt eine Freude meinem Herzen. Ja, es erhält, speist, tränkt und macht mich lebendig in dem Grunde meiner Seele, denn ich nehme dabei ab und ergreife die Güte Gottes, die ewige Liebe, die so viel versucht und anfängt mit ihrem Weingarten (Joh. 15), damit er Frucht bringe und zu sich ziehe. Das legt sich dann an meine Natur.
Ja, diese Speise überwältigt mich, ja ißt und verzehrt mich, daß ich es nimmer bin, sondern ein ***neuer Mensch*** *zum ewigen Leben.*

Hatte Thomas Müntzer den an bloßen Buchstaben haftenden Schriftgelehrten seiner Zeit vorgeworfen, sie gingen »mit gestohlener Schrift« um, weil ihn deren spiritueller Gehalt verloren gegangen sei, so geht Francks Kritik in die gleiche Richtung:

Mit dem Buchstaben haben die Pharisäer Christum zu Tode geschlagen, weil er wider den Buchstaben, aber nicht wider den Sinn der Schrift lehrte und lebte, wider den Tempel, Gesetz, Beschneidung redete und handelte, das Gesetz brach, das Kreuz und den Tod einen Segen heißt … wider die Schrift … Summa: Christi ganzes Evangelium, sein Lauf und Testament ist ein Buchstabe wider das Alte Testament, ja es ist die Aufhebung desselben, also daß sie ihn mit dem Buchsta-

ben der Schrift getötet haben, wie dies noch heute geschieht. O, es hat einen ganz andern Verstand und eine geistliche Bedeutung, die allein von den Kindern Gottes und den recht Geistlichen erkannt wird. Den andern soll es wohl ewig verdeckt, ein Bildnis, Wunderrede, Rätsel und ein verschlossenes Buch bleiben.
Deshalb ist nichts mehr wider den Sinn der Schrift und nichts weniger Gottes Wort, als eben die Schrift, wenn man sie nach dem Buchstaben versteht … Es ist nicht zu sagen, welche Tür man aller Ketzerei auftut und täglich neuen Sekten, wie es sich erweist: Ebenso wieviel Ungereimtes und Ungefüges daraus folgt, wenn man die Schrift nach dem toten Buchstaben versteht.

Franck folgt einem apostolischen Rat, wenn er seinen Lesern nahelegt, das prophetische Wort nicht unbesehen zu verachten, alles zu prüfen und das Gute zu behalten.

Wer nun nicht irre gehen will, der bleibe nicht draußen an dem Schein, sondern grabe tief in den Acker und reise weit aus der Welt ***in sich*** *selbst, da wird er den vergrabenen Schatz finden.. Also hat Gott das Unsichtbare Wesentliche in das Sichtbare, Figürliche verborgen …*
Mühe und Arbeit kostet es, Selbstverleugnung, Hingebung und Haß seiner eigenen Seele und seines Lebens, will man diesen Schatz und Christum finden … Wer wissen will, was in einem Tempel sei, darf nicht außen bleiben und allein davon lesen und sagen hören. Das ist alles ein totes Ding, sondern er muß ***hineingehen*** *und* ***selbst*** *erfahren und besichtigen. Dann erst lebt alles. Und dieses* ***Im-Geiste-Sehen und -Erfahren*** *heißt*

die Schrift ›glauben‹. Das bringe uns Gott zum Verständnis!

Im übrigen lautet Francks Fazit:

Sobald man das Christentum in Regeln und in ein vorgeschriebenes Gesetz und Ordnung will einfassen, so hört es auf, ein Christentum zu sein. Niemand will verstehen, daß die Christen dem Heiligen Geist überliefert sind und dass das Neue Testament kein Buch, Lehre und Gesetz ist, sondern der Heilige Geist.

Valentin Weigel (1533–1588): Christus und sich selbst erkennen

Im Jahre 1533 in Großenhain-Naundorf bei Dresden geboren, gehörte der auch philosophisch und naturwissenschaftlich gebildete Valentin Weigel *(Valentinus Vigelius)* als evangelischer Pfarrer von Zschopau zu jenen lutherischen Theologen, die zwar in die Nachfolge des Wittenberger Reformators traten, aber gleichzeitig in die innerprotestantischen Auseinandersetzungen hineingezogen wurden. In Wort und Schrift stritt man um den »rechten Glauben« (Orthodoxie), wie sie in den Bekenntnisschriften, zum Beispiel in der Confessio Augustana (1530) niedergelegt ist. Weigel rang gleichzeitig mit der Frage nach dem Wesen der Erkenntnis Gottes und des Menschen. Wichtige Erkenntnishilfen schöpfte der zurückgezogen Lebende aus der mystischen Überlieferung. Auch er schätzte die »Theologia Deutsch« hoch ein und näherte sich den Anschauungen Sebastian Francks an. Die mystische Eigenerfahrung muß es gewesen sein, die ihn in immer stärkeren Gegensatz zu seiner eigenen Zunft, den Theologen, treten ließ. Jene unter seinen Amtsbrüdern, die sich mit der kompromißlosen Agitation für die »reine Lehre« zufrieden gaben, vermutete er geradezu Diener des Antichrists zu sein. Und die »Gemeinschaft der Heiligen«, zu der er sich unverbrüchlich bekannte, sah er zu einer bloßen »Mauerkirche« verkommen. Dennoch hielt er sich mit seiner energischen Kirchenkritik zu Lebzeiten zurück. Erst zu Beginn des 17. Jahrhunderts kamen seine Schrif-

ten – echte wie unechte – in Umlauf. Durch sie wirkte er nachhaltig auf seine Nachwelt, insbesondere auf mystisch und theosophisch Aktive, u.a. auf Johann Arndt, auch auf Nichttheologen wie Jakob Böhme oder den Philosophen Gottfried Wilhelm Leibniz.
Wie Weigel über den äußeren Menschen dachte und was er von jenen hielt, die als beamtete Diener der »Mauerkirche« agierten, während dem inneren Leben geöffnete Gemeindeglieder ihre Bedenken laut werden lassen, zeigt er in seinem Dialog. In seinem Zwiegespräch läßt er durchblicken, daß es da und dort Priester gibt, die aus Rücksicht auf ihre Umwelt gezwungen sind, ein Doppelleben zu führen, indem sie verbergen, wodurch sie im Innersten angerührt sind.

Priester: Nach dem äußern Menschen habe ich Beichte gesessen und tue es noch. Ich lasse auch den äußern Menschen ein Absolvierer sein. Denn ich weiß wohl, daß Christi Reich geistlich, innerlich ist, an nichts Äußerliches gebunden, und daß die Vergebung der Sünden müsse gewirket werden durch den Heiligen Geist im Herzen, ohne eines andern Maul und Hand.
Laie: Sollten auch mehr Prediger sein, die solchen Irrtum erkennen?
Priester: Es sind hin und her Lehrer heimlich, welche diese Greuel der Verwüstung an der heiligen Stätte wohl erkennen. Doch sitzen sie Beichte, bleiben in ihrem Stande, laufen nicht davon, tragen das Kreuz geduldig nach dem äußeren Menschen. Inwendig klagen sie es Gott und sind nach dem inwendigen Menschen weder Priester noch Beichtvater …
Laie: Die Prediger sind in einem gefährlichen Stande.

Man macht sie zu Beichtvätern und Priestern und schreibt ihnen alleine zu die Gewalt der Kirche, daß sie an Gottes Statt sollen Sünde vergeben.
Priester: Der meiste Teil ist wohl zufrieden, nimmt diese Ehre gar gerne an und will herrschen über der einen Glauben, ist (aber) selbst ungläubig. Aber der es verstehet, hat ein Mißfallen dran und schmerzet ihn, daß er in einem solchen Netze gefangen lieget. Doch läuft er nicht daraus (weg), unterstehet sich auch nicht, solchen Greuel einzuwerfen.

Wie nahe Weigel den Anschauungen Sebastian Francks steht, geht aus Worten hervor, in denen er deutlich macht, daß allein der Heilige Geist der wahre Lehrer der Christenheit sei.

Wir müssen alle von Gott gelehret werden. Von innen muß herausquellen die Erkenntnis ... und nicht vom Buche hinein getragen werden.

So bekennt sich Valentin Weigel zu einer unsichtbaren Kirche des Geistes. Als solche ist sie durch keine Mauer begrenzt, durch keine religiöse Dogmatik oder Organisation eingeengt.

Sie (die Kirche des Geistes) *hat nur Christus zum Haupt und ist mitten unter den Wölfen zerstreut, wie die Lilien unter den Dornen. Man kann sie nicht zeigen mit Fingern, in dem oder jenem Lande, sondern* (sie ist) *in der ganzen Welt, unter allen Völkern und Sprachen.*

»Schriftgelehrte« im Sinne des Evangeliums sind für ihn diejenigen Theologen, die sich nur an äußeren Formen und Gebräuchen orientieren und darüber ihres geistlichen Auftrags gar nicht gerecht werden, jedoch auf ihren geistlichen Rang, auf Titulatur und Autorität pochen, durch die sie sich von den sogenannten Laien unterscheiden, wiewohl auch der Laie[3] kraft der Heiligen Taufe ein potentieller Priester, eine Priesterin ist. Dabei gelte es, einsehen zu lernen,

> *daß alle Gläubigen in der Freiheit des Geistes wandeln und sich nicht lassen gefangen nehmen durch die Dinge, die auf den äußeren Menschen hin ausgerichtet sind. Sie machen sich (aber darüber) kein Gewissen, denn der Geist regieret sie und nicht die Gesetze. Sie wissen wohl, daß die Not kein Gebot habe und daß die Liebe über allen Gesetzen sei.*

Wie sehr sich Weigel der Mystik Johannes Taulers und der Theologia Deutsch verpflichtet fühlt, ist jenen Äußerungen zu entnehmen, in denen er vom Reich Gottes spricht, das weder an Raum und Zeit gebunden ist. Es gilt vielmehr:

---

3 Das Wort »Laie«, von griech. *»laós«*, für Volk abgeleitet, verweist auf das Gottesvolk als der »Gemeinschaft der Heiligen«, in der es in geistlicher Hinsicht keinerlei qualitative Unterschiede geben kann. Lediglich Funktion und Dienstleistung (Charisma) differieren. Darauf hat bereits Martin Luther hingewiesen, als er in der Schrift »Vom christlichen Adel deutscher Nation« (1520) vom allgemeinen Priestertum aller Gläubigen sprach.

Wir dürfen Christus oder den Himmel nicht außer uns, sondern in uns suchen. Darum: wenn wir beten, ›Dein Reich komme‹, so ist nicht gemeint, daß es soll in uns kommen, denn es ist (bereits) zuvor in uns. Sondern das will dieses Gebet, daß wir lernen in uns fühlen und schmecken das Reich Gottes. Und wir sollen dieses Schatzes nicht unachtsam sein, gleich der undankbaren Welt, auf daß er uns nicht genommen werde.

Und was die Bibel anlangt, die Weigel als lutherischer Pfarrer nicht geringer achtet als die reformatorischen Väter vor ihm, so ist ihm doch daran gelegen, den spirituellen Gehalt der Schrift ganz besonders wahrzunehmen und in einer entsprechenden Weise der Auslegung zur Geltung zu bringen. Die einen begnügen sich mit dem Bibelbuchstaben, während er selbst zu denen gehören will, die »das Wort in den Wörtern« in sich aufnehmen wollen. Das hat zu geschehen in mystisch verstandener »Gelassenheit«, einer geistig-seelischen Verfaßtheit, die wir seit den Tagen Meister Eckharts kennen.

Die Schrift ist ein äußerlicher Spiegel. Sie zeiget dir an, wie du bist. Sie macht dich aber nicht also. Darum kannst du den Glauben und das Urteil nicht aus dem Buchstaben der Schrift nehmen, sondern vom Wort oder Geist. (Ihn) mußt du suchen und erwarten. Denn der Glaube ist nicht ein menschlich Werk, sondern ein Werk und ein Licht Gottes und ein Geschenk.
So wirkt Gott alles Gute in den gelassenen Herzen der Menschen. Denn Gott gibt sich selbst ihnen ins Herz durch den Glauben, daß er (bereits) im Menschen

wohne. Und das heißt: Christus versetzt uns wahrhaftig aus der Natur in die Gnade, erneuert, reiniget, heiliget und erleuchtet uns, daß er eine neue Natur wird, durch Christus geschaffen zu guten Werken. Denn der Mensch gehört nicht sich selbst, sondern er ist Gottes. Ein jeder (in diesem Sinne) Glaubende ist sich selbst entnommen, von Gott gelassen und ergeben. Da erkennt sich Gott selber im Menschen.

In seinem »Kurzen und gründlichen Bericht zur Deutschen Theologie« (Theologia Deutsch) geht Weigel auf die Beispielgestalt Adams ein, den Gott nicht nur »in die Mitte zwischen Zeit und Ewigkeit« gesetzt hat, sondern den er auch mit der Gabe zur freien Entscheidung ausgestattet habe.

Es ist dem Adam frei gelassen, daß er da in der Mitte stehet zwischen Zeit und Ewigkeit, ob er wolle inwendig gelassen bleiben seinem ewigen Gott und Schöpfer oder ob er wolle von seinem Gott weichen und herausfalle zu den vergänglichen Kreaturen. Darum sollen wir Theologen das von Christus wohl gelernet haben, nämlich daß das Paradies oder der Himmel oder das Reich Gottes oder der Vater oder Christus nicht außerhalb von uns zu suchen noch zu finden sei. Denn das Reich Gottes ist nicht an Personen, Zeit, Stätte, Ort gebunden oder an auswendige Gebärden und Zeremonien. Es sollen auch die Einfältigen nicht meinen, daß wir im ewigen Leben die Gottheit sehen werden, außerhalb von uns, etwa hie oder da. Sondern ***in uns*** *werden wir selig, Gott schauen und von Angesicht zu Angesicht sehen.*

In dem ebenfalls nach Weigels Tod veröffentlichten Buch »Der güldene Griff« (Halle 1613) kommt der Autor auf den Wandlungsvorgang zu sprechen, durch den ein neues Leben erlangt wird. Dies erinnert an Meister Eckharts Rede von der »Gottesgeburt im Seelengrund«. Bei Weigel ist dieser Werdeprozeß auf Christus und auf den Glauben an ihn besonders herausgestellt. Er begründet das »In-Christus-Sein«.

Denn der wahre Glaube aus dem Geist, das ist die ***Wiedergeburt****. Die läßt den Menschen nicht sein selbst bleiben, sondern er muß dessen sein und bleiben, an den er glaubt, aus dem er wiedergeboren ist, also daß der Mensch nicht mehr lebt, sondern nur Christus in ihm. Das objectum (den Gegenstand), welches der Mensch erkennen will, das ist: Gott und sein Wort,* ***Christus in uns****. Von diesem objectum fließt ein die Erkenntnis in das Auge des Herzens, sobald er sich verhält in leidender Weise, also, daß sich Gott selber erkennt und durch sich selber. Denn die neue Kreatur oder das Kind Gottes ist nicht sein selbst, sondern Gottes. Darum siehet und erkennet sich Gott selber in seiner Geburt und Bildnis in, mit und durch den Menschen als sein gehorsames Kind und Werkzeug.*

Und eben hierin, daß Gott will selber sein das Auge, Licht und Erkenntnis im Menschen als der, der da siehet unsere höchste Ruhe und Seligkeit des ewigen Lebens. Es mag wohl die Unerfahrenen verwundern, daß in der natürlichen Erkenntnis selber das Auge ist, dadurch alle Dinge im Himmel und auf Erden und in der Hölle erforscht werden. Aber das ist noch viel verwunderlicher, da Gott das objectum, das Auge und Licht im

Menschen selber sein will. Wer aber Christus kennt, der darf sich gar nicht verwundern, denn er siehet wohl aus Gott und in Gott, daß die höchste Seligkeit damit gemeinet ist …

Der leibliche Leib mit seinen Gliedern kann nichts tun ohne die Seele. Also soll auch unsere Seele nichts tun ohne den Willen Gottes. Solches alles vollbringet der wahre Glaube, (nämlich) ***Christus in uns****.*

Wer nun dieses Kapitel von der leidenden Erkenntnis Gottes und wie Gott will das Auge in uns sein noch nicht verstehet, der hat Christus noch nicht erkannt und weiß noch nicht, was Glaube ist. Wer es aber verstehet, der kennet Christus im Glauben und bleibet in der Einigkeit der heiligen christlichen Kirche, die da ist eine Einsammlung aller Gläubigen in den Frieden Christi und unzertrennlich Einigkeit in Ewigkeit. Amen.

Johann Arndt (1555–1621): Was ist doch Lehre ohne Leben

Bei Durchsicht der Lebens- und Werkbeschreibungen spirituell wirksamer Protestanten vergangener Jahrhunderte stößt man immer wieder auf die Tatsache, daß sie sich der geistlichen Tradition deutlich bewußt waren, durch die die Christenheit, die vor- wie die nachreformatorische, ihr religiöses Gepräge erhalten hat. Das trifft auch für Johann Arndt zu, der seit 1611 als Generalsuperintendent des einstigen Fürstentums Braunschweig-Lüneburg mit Amtssitz in Celle tätig gewesen ist. Wiewohl dem lutherischen Bekenntnis verpflichtet, schöpfte er zeitlebens nebst der Schrift aus der mystischen Überlieferung der alten Kirche. Er trug seinen Teil dazu bei, dieses geistliche Erbe im Protestantismus wach zu halten, und zwar selbst auf die Gefahr hin, von seinen orthodox einstellten Kollegen mißdeutet zu werden. Ihm war klar, daß im geistlichen Leben das Verbindende wichtiger ist als das konfessionell Trennende. Auch durch die Reformation bleibt die Verbindung mit der vorausgegangenen Mystikern und Mystikerinnen bewahrt. Daher sein Bestreben, jenes Geistesgut aufs neue zu vergegenwärtigen. Dazu dienten die von ihm besorgten Ausgaben Johannes Taulers, der Theologia Deutsch, der Nachfolge Christi des Thomas von Kempen sowie anderer Schriften.

Seine wichtigste eigene Veröffentlichung, die ihrerseits aufs innigste mit Zeugnissen jener Väter und Mütter christlicher Frömmigkeit verwoben ist, stellt sein umfassendes Werk mit dem Titel »Vier Bücher vom wahren Christentum« (1605ff.) dar, das nicht nur mehrere Auflagen erlebt hat, sondern das zumindest bis an die Schwelle des 20. Jahrhunderts zum vielgelesenen Erbauungsbuch des Luthertums aufstieg. Bedeutsam wurde ihm bereits die angemessene Einschätzung der Theologie, und zwar in erster Linie als einer spirituellen Disziplin. Das geht aus der Vorrede zum ersten Buch dieses Werkes hervor.

> *Viele meinen, die Theologia sei nur eine bloße Wissenschaft und Wortkunst, da sie doch eine lebendige Erfahrung und Übung ist. Jedermann studieret jetzt, wie er hoch und berühmt in der Welt werden möge. Aber Frommsein will niemand lernen. Jedermann suchet jetzt hochgelehrte Leute, von denen er Kunst, Sprachen und Weisheit lernen möge. Aber von unserem einigen Doctore und Lehrer Jesu Christo will niemand lernen Sanftmut und herzliche Demut, da doch sein heiliges lebendiges Exempel die rechte Regel und Richtschnur unseres Lebens ist, ja die höchste Weisheit und Kunst, daß wir ja billig sagen können: Omnia nos Christi vita docere potest, das ist: Das Leben Christi kann uns alles lehren.*

Auch welche Absicht der Verfasser in seinen mehr als 600 Seiten füllenden »vier Büchlein« verfolgt, erfährt man in diesem Zusammenhang. Denn er will gerade nicht in einem schulmäßig-theologischen Sinn »lehren«, sondern es ist seine erklärte Absicht, praktische Hinweise für die Einübung in die Nachfolge Christi zu geben. Es ist eine Nachfolge, die innen beginnt und die im konkreten Leben Frucht trägt.

> *Dazu werden dir, lieber Christ, diese Büchlein Anleitung geben, wie du nicht allein durch den Glauben an Christum Vergebung deiner Sünden erlangen sollst, sondern auch, wie du die Gnade Gottes recht sollst gebrauchen zu einem heiligen Leben und deinen Glauben mit einem christlichen Wandel zieren und beweisen. Denn das wahre Christentum steht nicht in Worten oder im äußerlichen Schein, sondern im lebendigen Glauben, aus welchem rechtschaffene Früchte und allerlei christliche Tugenden sprießen als aus Christo selbst. Denn weil der Glaube menschlichen Augen verborgen und unsichtbar ist, so muß er durch die Früchte erwiesen werden ... So entsprießet aus dem Glauben die Hoffnung.*

Was nun die »vier Bücher vom wahren Christentum« anlangt, die Arndt später durch eine Reihe von Anhängen auf »sechs Bücher« erweitert hat, so ist jedem ein besonderes Thema zugewiesen: Im ersten *»De deo et homine«* ist von Gott und dem Menschen die Rede, auch davon, wie es sich mit der Gottesbeziehung des durch Adam gefallenen Menschen verhält.

> *Denn in diesem ersten Buch siehst du, wie des Menschen Fall und Wiederbringung, neue Geburt und neues Leben aus der Heiligen Schrift ist ausgeführt ...*

Buch 2 *(Liber vitae Christi)* führt aus, inwiefern Christus als der wahre Mensch das Urbild (Archetypus) und die prägende Beispielgestalt für den Menschen ist. Arndt greift hier auf Gedanken und Frömmigkeitsübungen zurück, die er in den Schriften der italienischen

Franziskanerin Angela de Foligno (13. Jahrhundert) gefunden hat, – ein Beispiel mehr für sein Bestreben, auch die mittelalterliche Mystik zu beerben und die römische Tradition für sein eigenes Glaubensleben als Lutheraner fruchtbar zu machen.
Im 3. Buch *(Liber conscientiae)* bewegt sich der Verfasser immer stärker auf die mystische Dimension zu, geht es ihm doch darum zu zeigen,

> *wie Gott den höchsten Schatz, sein Reich, in des Menschen Herz geleget hat als einen verborgenen Schatz im Acker, als ein göttliches innerliches Licht. Da wirst du erkennen, was du für einen hohen edlen Schatz täglich bei dir in deinem Herzen trägst und mit aus der Welt bringest. Das ist der beste Teil. Der kann nicht von dir genommen werden.*

Dieses Wissen verbindet den lutherischen Pfarrer mit all jenen Mystikern und Mystikerinnen, die aus einer lebendigen Innenerfahrung Zeugnis ablegen können, weil hier, in der Wesensmitte des Menschen, der Ort der Gottesbegegnung ist.
Bemerkenswert ist sodann, daß Johann Arndt als studierter Mediziner, der in die Schule des Arztphilosophen Paracelsus (1493–1541) gegangen ist, sein 4. Buch *(Liber naturae)* die Schöpfung in ihrem Gesamtumfang einbezieht. Der Verfasser dieser vier Bücher ist demnach nicht jenen Mystikern zuzurechnen, die sich lediglich in die Seeleninnerlichkeit zurückziehen, ohne nach »Himmel und Erde« zu fragen. Während andere Kollegen seiner Zeit sich in ärgerlichem Theologengezänk über die angebliche »reine Lehre« verausgaben,

geht er den Spuren Gottes nach, die in der Natur aufgezeichnet sind. Arndt hat sich nicht nur Gedanken des Paracelsus zu eigen gemacht, sondern auch Ideen aus einer älteren Naturtheologie einschließlich einer spirituell verstandenen Alchymie. Als Mikrokosmos ist der Mensch den makrokosmischen Zusammenhängen eingefügt. Das will beachtet werden, – heute mit Blick auf die Verantwortung für alles Lebendige. Und weil das umfassende Werk durch biblische und Sachregister erschließbar gemacht wurde, diente Arndts Buch einige Jahrhunderte lang – seinen zahlreichen Kritikern zum Trotz – als eine regelmäßig gelesene Hauspostille. Insofern trug es wesentlich dazu bei, unter Einbezug mystischer Frömmigkeit zu einem ganzheitlichen Glaubensverständnis zu gelangen, das mit einer Umkehr beginnt. In der Sprache seiner Zeit handelt es sich um die »ernste, wahrhaftige, innerlichen Herzensbuße«, die mit äußerlichen Bußübungen alter Ordnung schon deshalb nicht zu verwechseln ist, weil er als Lutheraner eine Vermengung von Spiritualität und Werkgerechtigkeit vermeidet.

Darum soll der christliche Leser freundlich erinnert sein, daß er fleißig sehe nach dem Zweck und Ziel des ganzen Büchleins. So wird er befinden, daß es vornehmlich dahin gerichtet ist, daß wir den verborgenen angebornen Greuel der Erbsünde erkennen, unser Elend und Nichtigkeit betrachten lernen, an uns selbst und an allem unserm Vermögen verzagen, uns selbst alles nehmen und Christo alles geben, auf daß er alles allein ***in uns*** *sei, alles* ***in uns*** *wirke, allein* ***in uns*** *lebe, alles* ***in uns*** *schaffe, weil er unserer Bekehrung und Seligkeit Anfang, Mitte und Ende ist.*

Auf die Frage, was der wahre Glaube sei, antwortet Arndt (Buch I, Kap. 5):

Der Glaube ist eine herzliche Zuversicht und ungezweifeltes Vertrauen auf Gottes Gnade … Durch diese herzliche Zuversicht und herzliches Vertrauen gibt der Mensch Gott sein Herz ganz und gar, ruht allein in Gott, läßt sich ihm, hanget ihm allein an, vereiniget sich mit Gott, wird teilhaftig alles des, was Gottes und Christi ist, wird ein Geist mit Gott, empfänget aus ihm neue Kräfte, neues Leben, neuen Trost, Friede und Freude, Ruhe der Seele, Gerechtigkeit und Heiligkeit, und also wird der Mensch aus Gott durch den Glauben neu geboren. Denn wo der wahre Glaube ist, da ist Christus mit aller seiner Gerechtigkeit, Heiligkeit, Erlösung, Verdienst, Gnade, Vergebung der Sünde, Kindschaft Gottes, Erbe des ewigen Lebens. Das ist die neue Geburt …

Aus Gott geboren sein, ist wahrlich kein Schattenwerk, sondern ein rechtes Lebenswerk …

Daraus siehst du nun, daß dich die Werke nicht können gerecht machen. Denn du mußt zuvor in Christum versetzt sein durch den Glauben und in ihm gerecht sein, ehe du ein einiges Werk tun kannst …

Und weil nun Christus durch den Glauben in dir wohnet und lebet, so ist ja seine Einwohnung nicht ein totes Werk, sondern ein lebendiges Werk. Daher kommt die Erneuerung aus Christo durch den Glauben. Denn der Glaube tut in dir zwei Dinge: Erstlich versetzt er

dich in Christum und macht dir ihn zu eigen. Zum andern erneuert er dich in Christo, daß du in ihm grünest, blühest und lebest ...
Also wird durch Gottes Wort und den Heiligen Geist der Glaube im Menschen gesäet als ein Same Gottes, in welchem alle göttlichen Tugenden, Arten und Eigenschaften verborgener Weise begriffen sind und herauswachsen zu einem schönen und neuen Bilde Gottes, zu einem schönen neuen Baum.

Es hat auch der schwache Glaube soviel an Christo als der starke. Denn ein jeder, er sei schwach- oder starkgläubig, hat Christum ganz zu eigen. Die verheißene Gnade ist allen Christen gemein und ist ewig. Darum muß der Glaube ruhen, er sei schwach oder stark. Gott wird dir zu seiner Zeit den empfindlichen, freudenreichen Trost wohl widerfahren lassen, ob ers gleich in deinem Herzen eine Zeitlang verbirgt.

Wer nicht in Christus lebt, sondern durch eine andere Gesinnung bestimmt ist, der bleibt am Buchstaben hängen, *aber er schmecket nicht die Kraft und verborgenes Manna*, das verborgene Himmelsbrot (I, 36).

Daher kommts, daß viele Menschen wenig Lust, Freude und geistliche Begierde empfinden aus dem heiligen Evangelium, ob sie es gleich täglich hören. Denn sie haben den Geist Gottes nicht. Sie haben nicht himmlische Gemüter, sondern irdische Herzen. Wer aber das Wort Gottes recht verstehen will und dessen Kraft empfinden und von dem Himmelsbrot essen, der muß sich befleißigen, mit seinem Leben ***gleichförmig*** *zu* *werden dem Worte Gottes und dem Leben Christi … Die Süßigkeit des Himmelsbrots wird geschmecket unter dem Joch Christi. Und da heißet es (Luk. 1,53): Die Hungrigen füllet er mit Gütern und lässet die Reichen leer.*

Der Herr spricht: Höre meine Stimme und tue mir auf! – Aber wie in einem Hause, da ein Welt-Getümmel ist, keine liebliche Musika kann gehöret werden, also kann Gott in einem weltlichen Herzen nicht gehöret werden. Denn es wird Gott nicht aufgetan, läßt ihn auch nicht ein. Darum kann ein solch irdisch Herz das himmlische Manna nicht schmecken …
Die Epistel an die Hebräer (Kap. 6,4) redet auch von diesem inwendigen, geistlichen und himmlischen Abendmahl und spricht: Daß die, so erleuchtet sind und teilhaftig worden des Heiligen Geistes, die haben geschmeckt die himmlischen Gaben, das gütige Wort Gottes und die Kräfte der zukünftigen Welt.

Es ist nichts so groß als des Menschen Seele in ihrer Freudigkeit und Freiheit, welche Gott, Himmel und Erde begreifet. Es ist nichts so klein als des Menschen Seele in ihrer Niedrigkeit und Demut, wenn sie sich vor Gott und allen Kreaturen demütigt.

In der Vorrede zum 3. Buch, das dem inneren Leben gewidmet ist, kommt Arndt – analog zu den drei Stufen der Reinigung, Erleuchtung und Vereinigung *(unio mystica)* – auf den Stufencharakter des geistlichen Wachstums zu sprechen.

Gleichwie unser natürliches Leben seine Stufen hat, seine Kindheit, Mannheit und Alter, also ist auch beschaffen mit unserem geistlichen und christlichen Leben. Denn dasselbe hat seinen Anfang in der Buße, dadurch der Mensch sich täglich bessert. Darauf folget eine mehrere Erleuchtung, als das Mittelalter durch göttlicher Dinge Betrachtung, durchs Gebet, durchs Kreuz, durch welches alles die Gaben Gottes vermehret werden. Letztlich kommt das vollkommene Alter, so da steht in der gänzlichen Vereinigung durch die Liebe, welches Sankt Paulus (Eph. 4,13) das vollkommene Alter Christi nennet und einen vollkommenen Mann in Christo.

Viele meinen, es sei gar genug und überflüssig zu ihrem Christentum, wenn sie Christum ergreifen mit ihrem Verstand durch Lesen und Disputieren, welches jetzt das allgemeine studium theologicum ist und in bloßer Theorie und Wissenschaft bestehet. Und sie bedenken nicht, daß die andere vornehme Kraft der Seele, nämlich der Wille und herzliche Liebe auch dazu gehöre.
Beides mußt du Gott und Christo geben, so hast du ihm deine ganze Seele gegeben. Denn es ist ein großer Unterschied unter dem Verstand, damit man Christum erkennet, und unter dem Willen, damit man ihn liebet. Denn wir erkennen Christum, so viel ***wir*** *können; wir lieben ihn aber, wie* ***er*** *ist. Christum durch bloße Wissenschaft erkennen und nicht lieb haben, ist nichts nütze. Es ist demnach tausendmal besser, Christum lieb haben, denn viel von ihm reden und disputieren können. Deshalb sollen wir Christum mit unserem Verstande also suchen, daß wir ihn auch mit herzlichem Wil-*

len und Wohlgefallen lieben. Denn aus der wahren Erkenntnis Christi kommt auch die Liebe Christi.
Wie herrlich, köstlich und lieblich ists nun, daß unser höchster und bester Schatz, das Reich Gottes, nicht ein auswendiges, sondern ein inwendiges Gut ist, welches wir stets bei uns tragen, verborgen vor der Welt und vor dem Teufel selbst, welches uns auch weder Welt noch Teufel nehmen kann; dazu wir auch keiner großen Kunst, Sprachen oder vieler Bücher bedürfen, sondern ein gelassen, Gott ergeben Herz. Lasset uns demnach Fleiß anwenden, einzukehren zu diesem unserem inwendigen, verborgenen, himmlischen und ewigen Gut und Reichtum ...
In unserem Herzen und unserer Seele ist die rechte Schule des Heiligen Geistes, die rechte Werkstatt der heiligen Dreieinigkeit, der rechte Tempel Gottes, das rechte Bethaus im Geist und in der Wahrheit.

Johann Arndt mußte bereits zu seiner Zeit erleben, wie befremdlich vielen seiner auf ihre lutherische Rechtgläubigkeit pochende Zeitgenossen der Aufweis des »wahren Christentums« war. Schon am Wissen von der Existenz des innerlichen Menschen mangelte es vielen. Das war ihm Anlaß genug, seinen vier Büchern, ein fünftes und sechstes anzufügen und sein zentrales Thema erneut aufzunehmen, etwa im zweiten Kapitel des 5. Buches, in dem er die mystische Vereinigung Gottes mit dem Menschen im Zusammenhang mit der Gottesebenbildlichkeit bespricht.

Das Bild Gottes in dem Menschen ist die Gleichförmigkeit mit Gott, darin das Gleichnis des unsichtbaren

Gottes eigentlich und lebendig abgedruckt ist und leuchtet, nämlich ein Gleichnis der Gütigkeit, Gerechtigkeit, Heiligkeit, Unsterblichkeit, Weisheit, Barmherzigkeit, Macht und Gewalt und der Glaube etc.
Weil diese Eigenschaften allzusammen in Gott wesentlich und unendlich sind, hat er selbst in dem Menschen von denselben ein lebendiges Bildnis ausdrücken wollen. Ein jegliches Gleichnis aber gebiert die Liebe, die Liebe aber die Zusammenfügung und Vereinigung.
Was sollte nun Gott mit ihm besser und fester mit Liebe verbinden und vereinigen als sein Ebenbild und Gleichnis? Wo sollte Gott lieber wohnen als in seinem Ebenbilde? Mit wem sollte er sich liebreicher vereinigen als mit dem, den er zu seinem Bild und Gleichnis erschaffen hat? Gott der Vater ist in seinem eingeborenen Sohn, welcher Sohn Gottes ist das ewige und wesentliche Ebenbild Gottes, des ewigen Vaters … Deshalb hat er das Licht der wahrhaftigen und vollkommenen Erkenntnis Gottes in des Menschen Verstand angezündet, auf daß Gott selbst mit dem Glanz und den Strahlen seiner göttlichen Weisheit in dem Menschen leuchten möchte.
Den Affekt der reinsten und vollkommensten Liebe hat er in des Menschen Herz gepflanzt, auf daß Gott, welcher die Liebe selbst ist, durch die Liebe des Menschen kräftig und tätig sein könnte. Die vollkommene Gerechtigkeit, Heiligkeit und Wahrheit hat er in des Menschen Willen gelegt, daß er selbst seine Gerechtigkeit, Heiligkeit und Wahrheit durch den Menschen üben und erzeigen möchte.
Dies aber hat ohne die Einwohnung und Vereinigung Gottes mit dem Menschen keineswegs geschehen kön-

nen, deshalb Gott durch sein Bild und Gleichnis mit dem Menschen sich vereinigen wollen.

Was ist demnach Gottes Bild im Menschen anders als ein klarer und widerscheinender helleuchtender Glanz der unaussprechlichen Gütigkeit Gottes?

Die Erwartung des Bräutigams Christus gehört bereits zu den bedeutsamen Themen des Neuen Testaments. In der an das Hohe Lied Salomonis anknüpfenden Brautmystik des Mittelalters und ihrer mystischen Vereinigung *(unio mystica)* kulminiert auch (Kap. 7) Johann Arndts Lobpreis der geistlichen Vermählung der Seele mit ihrem Geliebten.

Wenn der Bräutigam kommt, so freuet sich die heilige Seele und gibt genaue und fleißige Achtung auf seine Gegenwart. Denn durch seine fröhliche, herzerquickende und heilige Ankunft vertreibt er die Finsternis und die Nacht. Das Herz hat süße Freude. Es fließen die Wasser der Andacht. Die Seele schmilzt vor Liebe. Der Geist freuet sich, die Affekte und Begierden werden inbrünstig. Die Liebe wird entzündet. Das Gemüt jauchzet. Der Mund lobet und preist. Man tut Gelübde und alle Kräfte der Seele freuen sich in und wegen des Bräutigams. Sie freuet sich, sage ich, daß sie den gefunden hat, welcher sie liebt, und daß er sie zur Braut auf- und angenommen, welchen sie ehret. O welch eine Liebe! O welch ein feuriges Verlangen!

Diese geistliche Vermählung übertrifft weit allen menschlichen Verstand, allen eigenen Willen, alles eheliche Leben. Denn es ist ein himmlisches Geschenk, ein Gnadenwerk des Erlösers, ein geneigter Wille des Bräutigams, ein Vorzug der Liebe, ein besonderes Privilegium der vornehmsten Liebe.

Diese Seele, zu welcher unser Herr so dienstwillig, so demütig, so fröhlich eingegangen ist, wo sie nicht mit der Tugend der Demut wäre gezieret und mit dem Glanz der Reinigkeit bekleidet, mit den Flammen des himmlischen Verlangens entzündet, mit stetem Gebet erleuchtet und unaufhörlich daran beflissen gewesen, daß sie ein reines Herz bewahren wolle, so wäre sie mitnichten dieser geistlichen und geheimen Ehe und Vermählung des Sohnes würdig gewesen.

Sie ist aber dem Bräutigam vertraut. Sie hört, wie er ihr (Hoheslied 2,13.14) innerlich zuruft: Stehe auf, meine Freundin, meine Schöne, und komme her. Meine Taube in den Felslöchern und in den Steinritzen, laß mich hören deine Stimme, denn deine Stimme ist süß und deine Gestalt lieblich.

Jakob Böhme (1575–1624): Die Morgenröte bricht an

Der offene Brunnquell im Herzen Jesu Christi sei unsere Erquickung und führe uns in sich ein, auf daß wir in seiner Kraft leben, uns in ihm erfreuen und in seiner Einigung uns in ihm lieben, erkennen und in einen Willen treten.

Mit diesem Grußwort eröffnet der Görlitzer Schuhmacher Jakob Böhme, der schon von seinen Zeitgenossen respektvoll *philosophus teutonicus* (deutscher Philosoph) genannt wurde, den zwölften seiner Theosophischen Sendbriefe. Diese Bezeichnung ist in ihrem ursprünglichen Sinn zu verstehen als Freund und Liebhaber der *Sophia*. Es ist jene Gottesweisheit von der bereits das Alte Testament als von einer Wesenheit kündet, die über die ganze Schöpfung ausgebreitet ist, eine Gespielin des Schöpfers selbst. So liest man im Buch der Sprüche Salomonis (Kap. 8), dem ältesten der Weisheitsbücher:

Der Herr hat mich schon gehabt
im Anfang seiner Wege,
ehe er etwas schuf, von Anbeginn her.
Ich bin eingesetzt von Ewigkeit her,
ehe die Erde war

So hat auch Böhme die göttliche Weisheit verstanden. Er war bestrebt, sich an diese im Kosmos ausgebreitete

Gottesweisheit zu halten und sich nicht etwa in einen weltverneinenden Spiritualismus zu verlieren. Das bringt er bereits am Anfang seiner berühmten Erstlingsschrift »Aurora oder Morgenröte im Aufgang« zum Ausdruck, denn *so man will von Gott reden, was Gott sei, so muß man fleißig erwägen die Kräfte in der Natur* ... Die ganze Schöpfung ist für ihn ohnehin ein einziger Offenbarungswille des aus seinen Finsternissen heraustretenden Gottes. Böhme bezeichnet sie auch als »Geburt« oder als »das ausgesprochene Wort Gottes«.

> *Wenn man nun betrachtet die ganze Natur und ihre Eigenschaft, so siehet man den Vater. Wenn man anschauet den Himmel und die Sternen, so siehet man seine ewige Kraft und Weisheit. Also viel Sternen unter dem Himmel stehen, die doch unzählig und der Vernunft unbegreiflich, auch ein Teil unsichtbar sind, also viel und mancherlei ist Gottes des Vaters Kraft und Weisheit* (Aurora 3,8).

In der Vorrede (1 und 4) seines umfangreichen Genesis-Kommentars »Mysterium Magnum« kommt er auf das Wechselverhältnis der spirituellen und der materiellen Welt zu sprechen:

> *Wenn wir betrachten die sichtbare Welt mit ihrem Wesen und betrachten das Leben der Kreaturen, so finden wir daran das Gleichnis der unsichtbaren geistlichen Welt, welche in der sichtbaren Welt verborgen ist wie die Seele im Leibe, und sehen daran, daß der verborgene Gott allem nahe und durch alles ist und dem sichtbaren Wesen doch ganz verborgen ist.*

Denn die sichtbaren empfindlichen (d. h. wahrnehmbaren) Dinge sind ein Wesen des Unsichtbaren. Von dem Unsichtbaren, Unbegreiflichen ist kommen das Sichtbare, Begreifliche. Von dem Aussprechen oder Aushauchen der unsichtbaren Kraft ist worden das sichtbare Wesen. Das unsichtbare geistliche Wort der göttlichen Kraft wirket mit und durch das sichtbare Wesen wie die Seele mit und durch den Leib.

Eine andere, für ihn kaum weniger wichtige Einschätzung ist die der »Jungfrau Sophia«, die als eine Gefährtin der menschlichen Seele an das unversehrte lichte Urbild des Menschen erinnert. Der Mensch hat sie, diese Gottesebenbildlichkeit, durch den Fall Adams verloren. Er will und muß sie wiederfinden, um von neuem mit ihr eins zu werden. »Christus und Sophie«, von der später der romantische Dichter Friedrich von Hardenberg-Novalis Zeugnis ablegen wird, ist bereits bei Böhme eine Einheit, für ihn selbst, den fruchtbaren mystisch-theosophischen Schriftsteller ist sie eine inspirierende, sein Schaffen impulsierende Kraft.
Wie kam es, daß der Lutheraner Böhme diese zur Gottheit gehörige weibliche Gestalt zu seiner inneren Gefährtin erkor? Die Forschung hat in den letzten Jahrzehnten eine Reihe von Einflüssen aufgezeigt, die auch in seinen Schriften nachweisbar sind. Doch die eigentliche Quelle ist nicht literarischer, sie ist ganz anderer Natur. Fragte man ihn danach, so antwortete er in seiner »Aurora« (Kap. 3,48 f):

Ich nehme mein Schreiben und Buch nicht von andern Meistern. Und ob ich gleich viel Exempel und Zeugnis-

se der Heiligen Gottes darinnen führe, so ist mir doch solches alles von Gott in meinen Sinn geschrieben, daß ichs ganz ungezweifelt glaube, erkenne und sehe, nicht im Fleisch, sondern im Geiste, im Trieb und Wallen Gottes.

Nicht also zu verstehen, daß meine Vernunft größer wäre als aller derer, die da leben, sondern ich bin des Herrn Zweig, nur ein kleines geringes Fünklein aus ihm. Er mag mich setzen, wo er hin will. Ich kann ihm das nicht wehren. Auch so ist dieses nicht mein natürlicher Wille, den ich aus meinen Kräften vermag. Denn so mir der Geist entzogen wird, so kenne oder verstehe ich meine Arbeit nicht und muß mich auf allen Seiten mit dem Teufel kratzen und schlagen und bin der Anfechtung und Trübsal unterworfen.

Sowohl in seiner »Aurora« wie in den erwähnten »Theosophischen Sendbriefen« hat Böhme ausführlich berichtet, was ihm in jungen Jahren widerfahren ist, nämlich daß er in einem einzigartigen Schau-Erlebnis vom göttlichen Lichte ergriffen und in einem sehr buchstäblichen Sinn erleuchtet worden sei, so daß er – ebenfalls in der Aurora – sagen kann:

Gott hat mir das Wissen gegeben. Nicht ich, der ich der Ich bin, weiß es, sondern Gott weiß es in mir. Die Weisheit (Sophia) ist seine Braut, und die Kinder Christi sind in Christo, in der Weisheit, auch Gottes Braut. So nun Christi Geist in Christi Kindern wohnet und Christi Kinder Reben am Weinstocke Christi sind und mit ihm ***ein*** *Leib sind, auch ein Geist, wem ist nun das Wissen? ... Er neiget sich zu meiner Ichheit, und meine*

Ichheit neiget sich in ihn ... Und also lehre und schreibe ich von ihm, liebe Brüder, sonst weiß ich nichts.

Bei diesen Worten mag man an das »gelehrte Nichtwissen« *(docta ignorantia)* des Nikolaus von Kues denken. Denn der durch keine akademische Bildung irritierte Görlitzer Schuhmacher, ist durchaus als ein Wissender, als ein Erleuchteter anzusehen. Als spiritueller Meister – eine eher seltene Gestalt im Protestantismus – ist er von denen anerkannt worden, die ihm als Leser seiner Manuskripte und als Empfänger seiner Theosophischen Sendbriefe eine entsprechende Sensibilität entgegenbrachten. Was er suchenden Menschen zu geben hatte, ist in seinem Büchlein »Weg zu Christo« *(Christosophia)* niedergelegt. Darin findet sich der Text »Vom übersinnlichen Leben«. Es handelt sich um ein Gespräch eines Meisters und seines Jüngers, *wie die Seele möge zu göttlicher Anschauung und Gehör kommen und was ihre Kindheit in dem natürlichen und übernatürlichen Leben sei, und wie sie aus Natur in Gott und wieder aus Gott in die Natur der Selbheit eingehe, auch was ihre Seligkeit und Verderben sei.*

DER JÜNGER SPRACH ZUM MEISTER: Wie mag ich kommen zu dem übersinnlichen Leben, daß ich Gott sehe und höre reden?

DER MEISTER SPRACH: Wenn du dich magst einen Augenblick in das schwingen, da keine Kreatur wohnet, so hörest du, was Gott redet.

DER JÜNGER SPRACH: Ist das nahe oder ferne?

DER MEISTER SPRACH: Es ist in dir, und so du magst eine Stunde schweigen von allem deinem Wollen und Sinnen, so wirst du unaussprechliche Worte Gottes hören.

DER JÜNGER SPRACH: Wie mag ich hören, so ich von Sinnen und Wollen stille stehe?

DER MEISTER SPRACH: Wenn du von Sinnen und Wollen deiner Selbheit stille stehest, so wird in dir das ewige Hören, Sehen und Sprechen offenbar, und höret und siehet Gott durch dich. Dein eigen Hören, Wollen und Sehen verhindert dich, daß du Gott nicht siehest noch hörest.

DER JÜNGER SPRACH: Womit soll ich Gott hören und sehen, so er über Natur und Kreatur ist?

DER MEISTER SPRACH: Wenn du stille schweigest, so bist du das, was Gott vor Natur und Kreatur war, daraus er deine Natur und Kreatur schuf. So hörest und siehest du es mit dem, damit Gott in dir sah und hörete, ehe dein eigen Wollen, Sehen und Hören anfing.

DER JÜNGER SPRACH: Was hält mich dann auf, daß ich nicht dahin kommen mag?

DER MEISTER SPRACH: Dein eigen Wollen, Hören und Sehen und daß du wider das strebest, daraus du kommen bist. Mit deinem eigenen Wollen brichst du dich von Gottes Wollen ab, und mit deinem eigenen Sehen siehst du nur in dein Wollen. Und dein Wollen verstopfet dir das Gehör mit Eigensinnlichkeit irdischer, natürlicher Dinge und verführet dich in einen Grund ein und überschattet dich mit dem, das du willst, auf daß du nicht magst zu dem Übernatürlichen, Übersinnlichen kommen.

Entscheidend ist schließlich, daß der seit Adams Fall seines Ursprungs entfremdete Mensch sich entschließt, sich vorbehaltlos in den Prozeß der Wiedergeburt hineinbegibt. In seinem zweiten Buch, das von den »Drei Prinzipien göttlichen Wesens« handelt, heißt es (Kap. 4,9) hierzu:

> *Es stehet geschrieben (Joh. 3,5): Ihr müsset von neuem geboren werden durch das Wasser und Geist, sonst werdet ihr das Reich Gottes nicht sehen. – Diese Geburt muß in dir geschehen, das Herze oder Sohn Gottes muß in deines Lebens Geburt aufgehen. Als dann ist der Heiland Christus dein getreuer Hirte, und du bist in ihm und er in dir. Und alles, was er und sein Vater hat, ist dein, und niemand wird dich aus seinen Händen reißen, sondern wie der Sohn – das ist des Vaters Herz – einig ist, also ist auch dein neuer Mensch im Vater und Sohne einig, eine Kraft, ein Licht, ein Leben, ein ewig Paradeis, eine ewige himmlische Geburt, sein Vater, Sohn, Heiliger Geist, – und du sein Kind.*

Und Kapitel 22,58 mündet mit Blick auf das Kommen Christi in die Mahnung ein:

> *Siehe, du edles Gemüte, der du das Reich Gottes begehrest, mit dir reden wir, und nicht mit dem Antichrist in Babel, der nur das Reich dieser Welt begehret!*
> *Merke auf, der Schlaf ist aus, der Bräutigam kommt, denn die Braut spricht: Komm! Laß dirs ernst sein, vergaffe dich nicht an der Hand dieser Feder* (d.h. unterschätze nicht den unscheinbaren Autor). *Es hats eine Feder geschrieben, welche du und ich nicht kennen.*

Denn das Gemüte, so es treu ist, ergreift die Gottheit.
Schätze dich nicht so leicht.
So du in Gott geboren bist, so bist du größer als diese Welt!

Daniel Czepko (1605–1660): Nah dem Himmel

Der aus einem schlesischen Pfarrhaus stammende studierte Mediziner und Jurist Daniel von Czepko von Reigersdorf war als Diplomat und kaiserlicher Rat hochgeachtet. In seinen dem Barock künstlerisch verpflichteten Dichtungen schwingt eine mystische Frömmigkeit mit, wiewohl er sich kaum selbst als Mystiker verstanden haben mag. Doch durch die transparent werdende Spiritualität ist er seinem älteren Landsmann Böhme verpflichtet. Andererseits regte er seinen jüngeren Landsmann, den Angelus Silesius Johannes Scheffler (1624–1677), zu dessen berühmten »Cherubinischen Wandersmann« an. Das zeigen speziell seine sechshundert Doppelzeiler *(Sexcenta Monodisticha Sapientum)*, die er 1655 herausgab.

Wer Gott im Herzen hat und was dazu begehrt,
Der Mensch verlieret Gott, wird ihm sein Wunsch gewährt.

Schau alle Ding in Gott, und Gott in allen an,
Du siehst, daß sich alles sich in ihm vergleichen kann.

O Mensch, du bist ja gar zu nahe Gott verwandt.
Er zürnt und straft dich nicht. Dies tut dein Unverstand.

Wohin, o Mensch? – Zurück. Umsonst gehst du herfür.
Bleib in dir, willst du Gott, Gott selber wartet dir.

Mensch, wie du fällst, so fiel auch Lucifer vor dir,
Du gehst, – wo her? – Von Gott. – Wohin? Zu dir und mir.

Die Seel, ein Strahl von Gott, geht in die Welt dahin.
Willst du Gott schaun, mußt du mit ihr zurücke ziehn.

Gott ist nicht hier noch da. Was steigst und suchest du?
Eröffne dein Gemüt. Er selber spricht dir zu.

Erkenne selber dich. Wer sich erkennen kann,
Trifft inner sich oft mehr als einen Menschen an.

Wie schlecht bereitet muß der Mensch zum Himmel sein,
Der ihn nicht auf der Welt ihm traut zu nehmen ein.

Um Gott ist eine Glut, o Mensch, du wirst verbrannt,
Wann du ihn kennen willst, ehe als du dich erkannt.

Nicht sprich: Ich wirk, ich will. Gott tut es und nicht du,
Wer Gott in allem meint, der trifft der Wahrheit zu.

Wie nah ist Gott, er steht in Dingen spät und früh.
Du schaust ihn, wie er ist, spricht etwas über sie.

Wer in sich schaut, der schaut, was Sonn und Erde trägt.
Es regt sich alles zwar, doch er bleibt unbewegt.

Viel Jahre tun es nicht, die Ewigkeit zu wissen.
Ein Augenblick und nicht so viel, muß sie umschließen.

Wer vor dem Tode stirbt, darf nicht im Tode sterben.
Das Leben nach dem Tod ist sein. Er kann es erben.

Gott macht mich nimmer gut, such ich ihn außer mir.
Schau dich nicht um, dein Heil ist nirgend als in dir.

Ich bitte meinen Gott um weder dies noch das,
Als bloß um Gott. Was ist dann Gott? Ich weiß nicht was.

Philipp Jakob Spener (1635–1705): Pia desideria – Wiedergeburt aus dem göttlichen Wort

Philipp Jakob Spener war schon in jungen Jahren entsetzt über den geistlichen Niedergang, den er bei protestantischen Pfarrern und Gemeinden beobachten mußte. Sein Appell zu einer religiösen Umkehr, die der Frankfurter Prediger 1675 mit dem Titel »Pia Desideria oder Herzliches Verlangen nach gottgefälliger Besserung der wahren evangelischen Kirchen …« versah, wurde zur Programmschrift des sich anbahnenden Pietismus. Spener selbst gilt als der Begründer dieser Erneuerungsbewegung, der größten, vielfältigsten und folgenreichsten seit der Reformation Martin Luthers. Hatte die lutherische Orthodoxie die objektiven Heilstatsachen in reformatorischer Beleuchtung herausgestellt und in Bekenntnisschriften niedergelegt, so gab der Pietismus ihren Bestrebungen eine deutliche subjektive Note. Die religiöse Erfahrung des einzelnen und deren Pflege im Kreise von Gleichgesinnten kam zum Zuge. Aus diesem Grund lebte die mystische Tradition von neuem auf. Das gilt auch für viele der eigengeprägten Vertreter der vielgestaltigen pietistischen Strömung, unter ihnen z.B. August Hermann Francke (1663–1727), Nikolaus Ludwig Graf von Zinzendorf (1700–1760) oder Friedrich Christoph Oetinger (1702–1782). Indem er sich an alle diejenigen wandte, »die den Herren suchen«, empfahl Spener den Lesern seiner »Pia Desideria« von neuem die Lektüre der Predigten Taulers und der »Theologia Deutsch«, also Mystikerschriften, die die Reformatoren bereits hoch schätzten. Lesenswert seien ferner die »Nachfolge Christi« des Thomas von Kempen und besonders Johann Arndts »Wahres Christentum«. Daß sich Spener mit Jakob Böhme schwer tat, steht auf einem anderen Blatt. Sein genereller Appell lautet:

> *Lasset uns demnach dahin beflissen sein, daß wir die Mängel bei uns selbst und bei den übrigen Kirchen immer weiter untersuchen und die Krankheiten kennenlernen, aber auch die Mittel mit eiferiger Anrufung Gottes um seines Geistes Licht forschen und überlegen.*
> *Wo du siehest, daß das Volk ohne Zucht ist, so schließe ohne Zweifel, daß es mangele an einer heiligen Priesterschaft ... Sie suchen alle das Ihre, nicht das Christi Jesu ist.*
> *Wir zweifeln nicht, jene verflucht zu halten, die alle rechtschaffene eiferige Übung der wahren Gottseligkeit und des inwendigen Menschen hintansetzen und die Theologia oder das Vornehmste darinnen aufs bloße Disputieren setzen und also Gott nur die Zungen, dem Teufel aber die Seele ergeben ... Der Weg ist Christus wegen seines heiligen Lebens, worinnen wir mit höchstem Fleiß ihm folgen müssen.*
> *Ein rechter Theologus wird nicht durch Verstehen oder Lesen oder Tiefsinnen, sondern durch Leben, ja durch Sterben und Verdammnis.*
> *Das Vornehmste aber achte ich dieses zu sein, weil ja unser ganzes Christentum bestehet in dem innern oder* ***neuen Menschen****, dessen Seele der Glaube und seine Wirkungen die Früchte des Lebens sind, daß dann die*

Predigten insgesamt dahin gerichtet sollten werden. Einesteiles die teuren Wohltaten Gottes, wie sie auf den innern Menschen zielen, also vorzutragen, daß daher der Glauben und in dem selber solcher innerer Mensch immer mehr und mehr gestärkt werde, andernteils aber die Werke also zu treiben, daß wir beileibe nicht zufrieden seien, die Leute allein zur Unterlassung der äußerlichen Laster und Übungen der äußerlichen Tugenden zu treiben und also gleichsam nur mit dem äußerlichen Menschen es zu tun zu haben …, sondern daß wir den Grund recht in dem Herzen leben …
Daher auch solle man fleißig treiben, wie alle göttlichen Mittel des Worts und der Sakramente es mit solchem innerlichen Menschen zu tun haben und es ja nicht genug sei, daß wir das Wort mit dem äußerlichen Ohr hören, sondern wie wirs auch in das Herz dringen müssen lassen, daß wir daselbst den Heiligen Geist reden hören. Das ist seine Versiegelung, und Kraft des Wortes mit lebendiger Bewegung und Trost fühlen. Also daß es nicht genug sei, getauft sein, sondern daß unser innerlicher Mensch, darin wir Christus angezogen, ihn auch müsse anbehalten und dessen Zeugnis an dem äußerlichen Leben zeigen.

Auch in seinen Predigten drang er auf Innerlichkeit, auf die »göttliche Einwohnung« als eine Frucht der Wiedergeburt im Geiste, denn:

Die ganze Dreieinigkeit wohnt in den Gläubigen … Also dürfen wir Gott auch nirgend anders, wenn wir ihn finden wollen, als in unsern Herzen suchen, wo er sich finden, von uns anbeten lassen und unsern Dienst an-

nehmen will. Damit werden unsre Tempel und Kirchen oder deren Gebrauch nicht verworfen (Hebr. 10,25). Aber wenn wir in der äußerlichen Kirche Gott recht dienen wollen, so müssen wir ein jeglicher seine innerliche Kirche gleichsam mitbringen, das ist: unser Herz muß so bewandt sein, daß Gott drinnen wohne und wir auch selbst in der Versammlung den meisten Dienst in demselben verrichten müssen.

Gottfried Arnold (1666–1714): Das Geheimnis der göttlichen Sophia

Der gelehrte Theologe und Historiker, Autor der berühmten, auch von Goethe geschätzten »Unparteiischen Kirchen- und Ketzer-Historie«, in der er für die Rehabilitation der zu Unrecht verachteten »Ketzer« eintrat, gehört sowohl in die geistige Nachfolge Jakob Böhmes als auch des Pietismus in seiner mystisch-spiritualistischen Ausprägung. Besonders faszinierte ihn die Gestalt und »Das Geheimnis der göttlichen Sophia«, die er in einem gleichnamigen Werk (1701) beschrieb und in Gedichten rühmte. Arnold ging es darum, die in den erotischen Bildern des Hohen Liedes besungene Gottesliebe mit der individuellen Erfahrung in Verbindung zu bringen, wie sie in der mittelalterlichen Brautmystik fortgebildet worden ist. Walter Nigg sagt im Vorwort seiner Ausgabe des Sophienbuches hierzu und zu Arnolds eigener Spiritualität: »Welch heiße Fontänen erotischer Quellen brachen in der mittelalterlichen Brautmystik auf, von Bernhard von Clairvaux bis zu Mechthild von Magdeburg! Der Bildcharakter der glühenden Worte ist doch nicht zu verkennen. Zeichen sind sie, Analogie, Gleichnis und Metaphern. Das unaussprechliche Gefühl drängt den Mystiker, Worte aus dem erotischen Bereich zu wählen, weil mit ihnen die Wärme und Intensität des Erlebens am besten angedeutet werden kann. Zwischen Religiosität und Eros besteht keine Identität, aber ein Zusammenhang, der auch in den kultischen Feiern der Hochzeitsgebräuche zum

Ausdruck kommt. Töricht ist es, in der Religiosität nur einen verdrängten Eros zu sehen, während es doch nebeneinander fließende Ströme sind, die sich gelegentlich berühren.« Arnold schreibt (S. 63):

> *Wer die Weisheit kennenlernet, der siehet am ersten und merket, daß sie gütig und liebreich sei als ein Bild der Gütigkeit Gottes selbst. Demnach hat sich eine Seele nichts als treue und herzliche Zuneigung bei ihr zu versehen und gewiß zu glauben, daß sie viel tausendmal mehr geneigt sei, uns aufzunehmen und als gehorsame Kinder zu ihrer Freude zu erziehen und zu versorgen …*
> *Also ist nun das erste und nötigste, um dieselbe bei dem Vater gebührend anzuhalten im Gebet und Flehen. Denn so machten es die Alten auch, wie sie sowohl von ihrem suchenden als findenden Gebet zeugen (Buch der Weisheit 7,7): Ich bat und es war mir die Klugheit gegeben; ich rief an und es kam mir der Geist der Weisheit.*

Und wenn die mystische Tradition Stufen der Gotteserfahrung kennt, die beim Stadium einer spirituellen Reinigung *(Purificatio)* beginnen, so liegt Arnold besonders daran, die Wichtigkeit der Wiedergeburt als dem Werdeprozeß zu einem neuen Leben (S. 185) herauszustellen. Von da sieht er Wirkungen auf das Erkenntnisleben ausgehen.

> *Die Erfahrung bezeuget, daß dergleichen Dinge alle nach geschehener Reinigung des Menschen von der alles vergiftenden Eigenheit des Willens und heftigen Be-*

gierde den Reinen auch rein und zulässig sein, welche ein Unreiner gleichwohl noch nicht einmal anrühren darf. Die neue Geburt hebet auch keine Witz, Verstand oder Kunst im Äußeren auf, sondern sondert nur alles vom Unreinen ab und lässet die ausbrechende geformte Weisheit in ihrer Ordnung stehen, gibt auch vielmehr dem Menschen Macht, alle Wunder Gottes in Natur und Kreatur mit heiligen Augen an- und einzuschauen.

Seinem Lehrmeister Jakob Böhme folgend, fühlt sich Gottfried Arnold verpflichtet, auch der Konkretheit des Lebens und der äußeren Natur zu entsprechen.

Ja, was noch mehr ist: Es kann nur allein ein Wiedergeborner erstlich die rechten Schätze der Weisheit finden und brauchen, weil der neue Mensch alsdann nach Austreibung der falschen Bilder und Götzen alle Dinge in ihrem ersten Wesen durch den Spiegel der reinen Natur beschauen und in ihr Innerstes hineindringen kann, die Kreaturen auch hinwiederum ihre Gestalten und Lieblichkeiten ihm offen darlegen und in seinem gelassenen Willen sich einergeben und bilden, über sie zu herrschen, wie Adam im Paradies getan hatte durch seine göttliche Sophia und Gehilfin. Also daß der neue Mensch hiedurch die Kreatur zur Gesundheit und Erhaltung auch des äußeren Leibes weislich und bequem brauchen kann und oft durch der Weisheit Anführung mehr findet als alle natürlich gelehrte Doctores.

In seinem Werk, das unter Berücksichtigung der reichen gesamtkirchlichen Überlieferung der mystischen

Theologie gewidmet ist, gibt er einleitend zu bedenken, was unter Theologie zu verstehen sei:

> *Es kann nicht ein jeder die Theologie studieren, sondern nur die zu Gott Erhobenen und dem Herrn Nahenden und welche Christo nachfolgen. Es ist eben das, was Lutherus bekannt hat, (und zwar) wider alle heutigen Schulweisen: Ich weiß hier keinen andern Rat, denn ein demütiges Gebet zu Gott, daß uns derselbe Doctores Theologiae gebe. (Dagegen:) Doctores der Künste etc. mögen der Papst, Kaiser und Universitäten machen. Aber sei nur gewiß, einen Doctor oder Lehrer der Schrift wird dir niemand machen denn – notabene – allein der Heilige Geist im Himmel, wie Christus sagt Johannes 6,45.*
> *Und nach ihm (Luther)ein anderer lutherischer Prediger: Die Salvifica Theologia[4] besteht in der inwendigen Erleuchtung, da der Morgenstern im Herzen aufgehet (2. Petr. 1,19), und: Gott gibt einen hellen Schein ins Herz (2. Kor. 4,6f).*

Über die Erleuchtung der Seele als der zweiten Stufe im mystischen Prozeß schreibt Arnold (S. 129):

> *1. Bete*
> *Erwecke das schläfrige Herz mit allerhand*
> *Lobgesängen und Andachten.*

4 Die heilbringende Theologie.

2. Lies
Und gib dich mehr auf Betrachtung der Geheimnisse
der Heiligen Schrift als auf viele
uneitele Schriften der Menschen.

3. Betrachte
Meditiere und appliziere fleißig eins auf das andere,
was zu verstehen ist.

4. Arbeite
Erforsche gründlich und ursprünglich das innere Wesen
eines Dinges aus den äußerlichen Merkzeichen
durch den Verstand und die Richtschnur des Geistes.

5. Prüfe
Und probiere alles weislich, sonderlich was in dir vorgehet,
nach dem einigen unerschaffenen eingesprochenen
und Mensch gewordenen Wort.
Behalte, was gut und wahrhaft ist,
und wirf das Falsche und Böse hinweg.

Seinen durch eine ausdrückliche Verteidigung seiner »Mystischen Theologie« ergänzten Anhang beschließt Gottfried Arnold mit der Bemerkung:

Wie es denn bei einem unparteiischen Schüler Christi nicht anders sein kann und muß, als daß ihm zwar ein jeder Lehrer in seinem Teil lieb und wert sei, aber daß doch die wesentliche Wahrheit Christus allein und über alles lieb bleibe.
Wer diesen einigen Grund in seinem Gemüte durch den Geist Jesu legen und befestigen läßt, der wird auch

diese Sachen mit Vorteil brauchen können. Sonst und außerdem möchten sie nur mehr Bilder und Konzepte ins Gehirn, als Wahrheit und Leben ins Herz und in den Willen eindrücken. Ich muß aber dieses der alles regierenden Weisheit und Liebe Gottes überlassen und den Leser derselben aufrichtig empfehlen.

Gerhard Tersteegen (1697–1769): Gott ist gegenwärtig

In Moers am Niederrhein geboren, erlangte der aus dem reformierten Protestantismus stammende, zurückgezogen lebende Gerhard Tersteegen durch seine rege seelsorgerliche und schriftstellerische Tätigkeit den Rang eines evangelischen Seelenführers. Als schlichter Bandwirker in Mülheim führte er ein selbst für seine Zeitgenossen betont asketisches Leben, stets bestrebt, sich buchstäblich »mit Leib und Seele« seinem Jesus Christus zu verschreiben, gemäß seinem berühmten Lied in der Gegenwart Gottes zu leben und – über die konfessionellen Begrenzungen hinweg – das beispielgebende Leben anderer Mitchristen in Geschichte und Gegenwart zu beschreiben. Manche nahmen daran Anstoß, daß er in seinem dreiteiligen Werk »Auserlesene Lebensbeschreibung heiliger Seelen« durchwegs katholische Männer und Frauen porträtierte. In seinem Vorwort zu dem 1724 erschienem Werk geht er auch darauf ein:

> *Man erwäge nur die nachdrücklichen Zeugnisse dieser Heiligen selbst von den wichtigsten evangelischen Wahrheiten, so wird man gestehen müssen, daß sie mit höchstem Recht ›evangelische Christen‹ zu nennen sind …*
> *Diese vorliegenden auserlesenen Lebensbeschreibungen zeugen besonders von den inneren Wegen Gottes, bis zur Vollendung der Heiligung in Christo Jesu. Nicht als wenn Gott nicht auch dergleichen Seelen unter den*

Protestanten hätte. Ja, er hat solche, Gott lob unter allen Parteien der Christenheit, wie die Kinder Levi[5] unter allen Stämmen Israels zerstreut waren, ob sie wohl überall gering an der Zahl, und auch nach ihrem edelsten Teil verborgen bleiben. Unter den Römisch-Katholischen aber hat der Gebrauch der Seelenführer ... die meisten und besten dieser und anderer Lebensbeschreibungen ans Licht gebracht.

Auch die Protestanten glauben es, und es ist mit höchstem Nachdruck die Wahrheit, daß Gott noch seinen Samen in der römischen Kirche verborgen habe. Dies sind die Mystiker oder diejenigen, welche die inneren Wege des Christentums beschrieben und geübt haben. Und es seien solche Seelen noch das Salz, welches das übrige vor dem völligen Verderben bewahre.
Allein, wie so höchst nötig wäre auch ihnen ein solches Salz, damit nicht alles verfaulen möchte! Ja, dies ist die einzige Grundursache des Verfalls unter allen Parteien der Christenheit, daß nämlich die Wahrheiten des inneren Lebens, wovon dieser Seelen Worte und Wandel zeugen, nicht gekannt, nicht geliebt und nicht geübt werden.

Auf die naturgemäß immer wieder gestellte Frage, was unter Mystik, sodann unter Mystischer Theologie seiner Ansicht nach zu verstehen sei, antwortet Tersteegen in seiner viel gelesenen Textsammlung »Weg der Wahrheit« (S. 270):

---

5 Gemeint sind Menschen priesterlicher Abkunft bzw. zum Tempeldienst bestimmte Israeliten.

Das kann keiner recht sagen oder er muß selbst ein Mystikus sein, und keiner gebührend verstehen, wo er nicht selbst auf dem Wege ist, ein solcher zu werden... Würde ich Ihnen[6] nun sagen, mystisch sei dasjenige, was David Psalm 51 die Wahrheit im Verborgenen, die heimliche Weisheit nennet und es sei die verborgene geheime Weisheit, von welcher Paulus nur zu den Vollkommenen (1. Kor. 2,6.7) reden konnte, dann würde Ihre Antwort sein: Das lautet zwar mystisch genug, allein ich weiß doch nun noch nicht, worin die Mystik besteht.
Sagte ich – und so ist es ganz eigentlich die Wahrheit – die Mystik sei nichts anders als die ***christliche Gottseligkeit*** *in ihrer besten Kraft, Schönheit und Völligkeit, dann würden Sie sagen: Nun, das lautet schön, aber man erkläret mir darum noch nicht, worin die Sache besteht.*
Antworte ich endlich: Werden Sie dann selbst ein Mystikus, dann verstehen Sie erst, was es für eine Sache sei. So ists eben das, was ich schon anfangs geantwortet, und sage nur, was Sie tun sollen, um die Sache zu erkennen ...

Das Wort ›mystisch‹ wird bisweilen im weitläufigeren, bisweilen im engeren Verstande genommen. Im erstern Verstande ist es nichts anders als die praktische Theologie oder die ***Ausübung der Gottseligkeit****, insofern sie Gnade und Herzensveränderung zum Grunde hat, demnach nicht eine bloß natürliche Moral. –*

6 Tersteegen spricht den Empfänger seines Briefes an, den er am 5. September 1768 aus Mülheim schrieb.

Im engern und eigentlichen Verstande bedeutet es denjenigen Grad der ***Erfahrungserkenntnis Gottes,*** *welchen Paulus und alle Mystiker nach ihm genannt haben die Erleuchtung, welche der Apostel – Notabene den Gläubigen – noch erbittet, (und zwar) weit unterschieden von der anfänglichen Erleuchtung.*
Es gehöret demnach und ferner dahin das Bleiben in Jesu, das Anhangen an Gott, um ***ein*** *Geist mit ihm zu werden; das Wandeln in der Gegenwart Gottes; das Anbeten im Geist und in der Wahrheit; ... die Offenbarung oder Inwohnung Gottes in der Seele ...*
Dieses und unzählig anderes, welches wir wörtlich in der Schrift ausgedrückt finden, heißt und ist mystische Theologie, wovon sich die Leute so fürchterliche Vorstellungen machen.

Sein Büchlein »Kleine Perlenschnur« eröffnet er mit einer Betrachtung, die auf die Arten und Weisen der Gegenwart Gottes eingeht. In Erinnerung an sein Lied »Gott ist gegenwärtig« handelt es sich um ein zentrales Thema seiner Frömmigkeit überhaupt. Tersteegen unterscheidet drei Arten dieser Anwesenheit: zum einen die Allgegenwart, die letztlich Mensch und Welt in ihrer Gesamtheit umfaßt. Die zweite Art nennt er »die günstige oder Gnaden-Gegenwart Gottes«, von der die Schrift in vielfältiger Weise berichtet, so daß er sagen kann:

Kraft der Menschwerdung, des Todes und der Verklärung Jesu Christi ist uns Gott nun ein Immanuel, ein ›Gott mit uns‹ und in uns geworden. Dies ist der Kern des wahren Evangliums, der doch – ach schade! – so wenig von Herzen geglaubt und gründlich erfahren wird.

Die dritte Art der Gegenwart Gottes ist die innewohnende Gegenwart Gottes, welche eine Folge und Frucht der vorigen ist. Davon spricht der Herr: ›Ich und der Vater wollen zu dem kommen, der mich liebet, und Wohnung bei ihm machen. Ich will in ihnen wohnen und in ihnen wandeln. Ich in ihnen und sie in uns, auf daß sie vollendet seien in Eines‹. Und der Apostel: ›Ihr seid der Tempel des lebendigen Gottes.‹
Dieses, so man auch mit Nachdruck den Stand der Vereinigung nennt, ist das Ziel und der Endzweck aller dergleichen geistlichen Schreiber, gleichwie es auch das Ziel und der Endzweck der ganzen Heiligen Schrift, ja unserer Schöpfung und Erlösung ist.

Wichtig ist für Tersteegen wie für jeden spirituellen Geleiter, daß er den ihm anvertrauten Menschen einschärft und greifbar macht, wie der Prozeß des geistlichen Reifwerdens in Gang kommen und gefördert werden möge. In dem Kapitel »Erleuchtete Einfalt«[7], das ebenfalls in der »Kleinen Perlenschnur« enthalten ist, gibt er einige Beispiele für die als Meditation und Imagination zu übende *Praxis pietatis*.

Wir müssen einkehren in uns selbst, zu Jesu als leidend, um gereinigt zu werden; – zu Jesu als auferstanden, um erleuchtet zu werden; – und sodann zu Jesu zum Schoß seiner Gottheit, um auf ewig mit ihm vereinigt zu werden.

---

7 Unter »Einfalt« ist in dem ursprünglichen und hier gemeinten Sinn das Eingefaltet- und Gesammeltsein gemeint, somit das Gegenteil des Zwiespalts und der Zerstreutheit.

Das Königreich Gottes ist inwendig in uns. Dazu sind wir auserwählt von Ewigkeit, daß unser Inwendiges ein Friedens-Königreich Gottes werden sollte. Wenn wir nämlich durch den Geist stark geworden sind am inwendigen Menschen, dann will Christus wohnen durch den Glauben in unseren Herzen.

Solches zu erfahren, mußt du dann allmählich trachten, sanft[8] *einzukehren in den Grund deines Herzens, um daselbst im Geist und Glauben Jesum Christum dir vorzustellen und ihn da zu betrachten in dem einen oder andern Stück seines heiligsten Leidens und Sterbens. Alles aber ohne Anstrengung, Beunruhigung und Verdruß, sondern suche in aller Einfalt auf eine möglichst liebreiche und freie Art dein Gemüt zu dieser inneren Einsammlung und diesem Umgang anzugewöhnen, da du alle deine Seelenkräfte, alle Gedanken, Sinnen, Gemütsbewegungen und Begierden Jesu unter die Füße legen. Und dich mußt du üben in den Taten des Glaubens, des Vertrauens, der Liebe, der Dankbarkeit, der Demut, des Mitleidens, der Dienstfertigkeit. Alles aber eben in der Einfalt, als wenn du den Heiland jetzt im Grunde deines Herzens leiden und sterben sähest.*

Zu dieser Übung kannst du ungefähr ein halbes Stündchen des Morgens, auch ebenso lang des Abends, Zeit nehmen; auch dann und wann den Tag über einen Augenblick deiner Andacht zu ihm hineinkehren und im Grund deines Herzens zu ihm sprechen.

---

8 Tersteegen fügt im Text hinzu »und süßiglich«; diese heute kaum mehr verständliche oder irritierende Formulierung ist auf die geradezu sinnenhafte Erfahrungsqualität gerichtet, etwa im Sinn des Psalmwortes: »Schmecket und sehet, wie freundlich der Herr ist.«

Eine Besonderheit im dichterischen Schaffen von Gerhard Tersteegen stellt das »Geistliche Blumengärtlein inniger Seelen« dar. Die Verse entsprachen seinem Bedürfnis, das spirituell in einer eingängigen Sprachgestalt weiterzugeben. Bisweilen erinnern Versmaß und Reimform an die »Geistreichen Sinn- und Schlußreime« die als »Cherubinischer Wandersmann« des Angelus Silesius Johannes Scheffler (1624–1677) Berühmtheit erlangt haben. Wie er, so berichtet auch Tersteegen, seine Verse »mehrenteils unvermutet und zufälligerweise innerhalb weniger Zeit« erhalten zu haben. Das erste Büchlein eröffnet er mit einer Anrede an den Leser:

Mensch, Gott dein Anfang ist; hast du ihn selbst
im Wesen,
So hast du schon das End von dieser Schrift gelesen.
Suchst du ihn noch, so lies dies auf der Pilgerbahn.
Bist du ein solcher nicht, so geht es dich nicht an.

Wenn Herz und Sinn und Lust so gerne auswärts fliegen,
So hat man Gott noch nicht, so lebt man jämmerlich.
Wer Gott im Grund besitzt, der läßt sich wohl begnügen
Mit diesem einen Gut; drum kehrt er stets in sich.

Willst du Gott wesentlich mit Geistesaugen sehen,
So schau auf ihn allein, so wird es bald geschehen.
Du siehst bald die, bald da, du bist bald hier, bald da,
Die Gottheit ist nur eins und dir im Grunde nah.

Es muß ein Menschenherz wohl etwas Großes sein.
Gott, Teufel, Welt und Fleisch und alles will hinein.
Erwähle, weil du kannst, dir doch den besten Gast.
Hast du was Guts gewählt, so halte, was du hast.

Wo du nach deinem Sinn, wie gut er scheint, willst leben,
So kann die Einsamkeit dir keine Stille geben.
Wer sich von sich entfernt, kann allezeit allein
Vergnügt und ungestört auch selbst bei Menschen sein.

Senk dich ins stille Nun, den göttlich'n Augenblick,
Sanft, lieblich und gedenk nicht vorwärts noch zurück.
So überlaß dich Gott, dich innig in ihn neige
Und warte in Geduld, bis er sich selbst dir zeige.

Wer wahre Freiheit sucht, der zwinge Fleisch und Sinnen
Samt aller Eigenheit in enge Bande ein.
Die Freiheit der Natur zwingt nur den Geist von innen.
Geh aus dir aus in Gott, willst du in Freiheit sein.

Wo ich je geh und steh, auch sitze und arbeite,
Da bin ich nicht allein, mein Freund steht mir zur Seite.
Halt ich mich nah zu ihm und tu, was ihm gefällt,
So wandelt er mit mir und gern sich zu mir hält

Wenn Unruh dich ergreift, mußt du dich drum nicht stören.
Man muß durchs Stillesein sich wider Unruh wehren.
Wenn Ungewitter kommt, verbirgt man sich und steht,
Wirds aber wieder still, der Pilger weitergeht.

Der Beschluß
Guts lesen nutzt oft viel, Guts schreiben ist auch gut,
Doch sind es Bilder nur, bis man's erfährt und tut.
Ich laß die Bilder da und mich ins Wesen wende,
Mein Leser, tu es auch. – Dies ist des Lesens Ende.

Friedrich Christoph Oetinger (1702–1782): Geist ist nicht ohne bewegende Kraft

Zusammen mit Albrecht Bengel (1687–1752) gehört Friedrich Christoph Oetinger zu den führenden Vertretern des schwäbischen Pietismus. Darüber hinaus ist Oetinger aber auch in der gesamtdeutschen Geistesgeschichte als philosophisch und naturwissenschaftlich versierter Theologe, Theosoph, Alchymist und christlicher Kabbalist bedeutsam. Man denke nur an seinen nachhaltigen Einfluß auf seine Landsleute Hegel und Schelling, auf Goethe und Wladimir Solowjow (1853–1900). Oetingers Schaffen stand in der Nachfolge der Mystik und Theosophie Jakob Böhmes. Als Grundlage jeder Weisheit und jeder Erkenntnisbemühung sah er eine »heilige Philosophie« (*philosophia sacra* bzw. *physica sacra*) an. Im Gegensatz zu jenen, die sich auf eine wirklichkeitsferne Innerlichkeit zurückzogen, nahm er die Sinnesbeobachtung in die Fülle aller Erfahrungsmöglichkeiten mit hinein. Dieser »phänomenologische« Ansatz, der ihn auf die gesamte Schöpfung als Ort der Gottesoffenbarung in all ihren Erscheinungsweisen aufmerksam werden ließ, führte ihn zu einer umfassenden Theologie, die von der Idee des Lebens *(Theologia ex idea vitae deducta)* abgeleitet ist. Von dieser, auf Konkretion hin ausgerichteten Denkungsart und Frömmigkeit her ist sein berühmtes Leitwort zu verstehen: *Leiblichkeit ist das Ende* (d.h. Sinn und Ziel) *der Werke Gottes.*

Oetinger ging es somit – im Gegensatz zur zeitgenössischen Aufklärungsphilosophie – um eine von den Erscheinungen der Wirklichkeit ablesbare unmittelbare und ganzheitliche Erkenntnisweise. Er betonte die Notwendigkeit einer Neuwerdung des Menschen. Darin stimmte er mit der mystischen Tradition und mit den elementaren Forderungen des Pietismus überein. Das wird bei seiner Schilderung der Wiedergeburt als eines vierstufigen Weges deutlich. Diese Stufen reichen von der angestrengten Bemühung des Menschen bis hin zu dem alleinigen Tun Gottes:

Mit der ersten Stufe der Wiedergeburt, nämlich dem arbeitsamen, mühsamen, ernstlichen Weg der Betrachtung und des Fleißes in Erkenntnis der eigentlichen Lineamente[9] *der Wahrheit unter den dunklen Wortzeichen, verhält es sich wie mit einem Gärtner, der Wasser aus dem Schöpfbrunnen im Eimer heraufziehen muß, um den Garten zu sprengen, oder wie mit einem Schiffsmann, der bei dem Einsteigen in das Schiff wacker rudern muß, bis es der Wind ergreifen kann … Und das ist eben die* ***Arbeit eines Ochsen****.*

Mit dem zweiten Grad, nämlich dem Weg des immerwährenden Gebetes ohne Unterlaß, worin man schon aus dem ersten Grad in die Wahrheiten und ins Wasserbad im Wort eingetaucht ist und nun mit Anhalten im Gebet, mit Seufzen und Keuschmachung seiner Seele im Gehorsam der Wahrheit sich beschäftigen muß – mehr als mit Sammeln, mehr mit Gebrauchen als mit Einkaufen –, verhält sichs, wie wenn man aus dem

9 Konturen, Grundzüge.

Brunnen durch eine Pumpe Wasser heraufpumpte; denn die Arbeit ist geringer und des Wassers bekommt man mehr ... Das ist die ***Arbeit eines Menschen****, der frei ist.*

Mit dem dritten Grad, mit dem Weg des wesentlichen Glaubens und der wesentlichen Liebe, so da entsteht von der überschwänglichen Wirkung der Auferwekkungskraft Gottes und Jesu Christi (Eph. 1) verhält sichs wie wenn man in der vorigen Arbeit des Wasserpumpens immer anhält (d.h. fortfährt) und man darüber plötzlich wahrnimmt, daß das hergebrachte Wasser mit einer gefundenen eigenen Quelle zusammengelaufen ist. Da hört die Arbeit auf und man bedient sich nur der Quelle. Da wirkt man nicht mehr auf vorige Weise mit ... So verhält sichs mit der ***Löwenstärke.***

Mit dem vierten Grad der Wiedergeburt, mit der apostolischen Verwandlung (2. Kor. 3,18) in eben dasselbe Bild Jesu von einer Klarheit zu der andern, verhält sichs wie mit dem Regen des Himmels, der den Garten wässert ohne alle Mühe. Alle vorigen Wasser waren noch aus der Erde, dieses ist von oben, und zwar ohne Mitwirkung der Natur, sondern in der vollen Wirkung Gottes durch die erhöhte und verwandelte Natur ... Und dies ist nun das ***Schauen des Adlers****.*

Oetingers umfassendes Erkenntnisstreben, das auch die Mitteilungen des berühmten nordischen »Geister-Sehers« Emanuel Swedenborg (1688–1772) prüfend einbezog, zielte schließlich auf die praktische Umsetzung des spirituell Empfangenen. In einem seiner Hauptwerke, betitelt »Irdische und himmlische Philosophie« und im Jahre 1765 erschienen, heißt es hierzu (II, 247):

> *Seht nun, ihr Mediziner, ihr Philosophen, ihr Freimaurer, ihr (alchymistischen) Adepten, was euer Hauptstudium zuerst sein soll: Christi Erkenntnis wird euch das rechte Maß zeigen, wie weit ihr gehen sollt in Erforschung der Grundanfänge.*
> *In dieser Welt sollt ihr so viel von der Kraft der Elemente verstehen, als zur Herrlichkeit und Liebe Gottes gehört. Aber der Trieb, alle Tiefen der Natur zu erkennen, ist von euch selbst. Gott aber braucht ihn, daß alles Verborgene offenbar werde und daß alle Figuren der Künste einmal in der Tinktur anschauend erscheinen, damit die Glieder Christi sehen, was sie Jesu zu danken haben und wie alle verborgenen Schätze der Weisheit und Erkenntnis in ihm liegen …*
> *Ein einziges Experiment aus Liebe zum Nächsten ist besser als viele Diskurse, wodurch nichts getan wird.*

Als Prediger – beispielsweise in seiner Eigenschaft als Prälat in Murrhardt – hat Oetinger seine theologischen Einsichten wie sein spirituelles Verständnis der Bibel in entsprechend modifizierter Form seiner Gemeinde weitergegeben. Da wie dort war er auf Wirklichkeitsnähe und auf die geistliche Durchdringung alles Leiblichen bedacht. Und weil er sich die Einsicht zu eigen gemacht hatte, daß die Verleiblichung als das »Ende der Werke Gottes« anerkannt werden müsse, schärfte er seiner Leser- wie seiner Zuhörerschaft ein, was darunter zu verstehen sei. Im Murrhardter Predigtband heißt es hierzu:

Es liegt aller Verstand daran, daß wir aus der Heiligen Schrift in der Schule des Heiligen Geistes lernen, was der Leib Christi für Eigenschaften habe und was das Blut Christi in alle Ewigkeit zur Erneuerung aller Dinge beitrage. In dem Leib Christi sind alle Vollkommenheiten beschlossen.
Unser sterblicher Leib muß durch vorgängigen Genuß des Leibes und Blutes Christi in die Vollkommenheiten des Leibes Christi gebracht werden. Die Weltweisen verstehen von den Eigenschaften des Leibes Christi wenig oder nichts. Sie sind schuld an der Trennung, die zwischen Katholischen, Reformierten und Evangelischen[10] *entstanden ist. Sie haben von Plato angenommen, der Leib sei nichts Edles, während doch kein Geist wäre, wenn kein Leib wäre. Geist ist ein verfeinerter Leib, durch das ewige Wort zur Unsterblichkeit geordnet. Also muß unser Leib neue Kräfte durch Christi Vermehrungskraft bekommen. Er muß durch den Leib Christi standhaft und durch das Blut Christi in die Durchdringlichkeit und Zartheit des Geistes gebracht werden, denn der Herr ist auch Geist.*

Geist ist nicht ohne bewegende Kraft. Geist ist nicht ohne leibliches Wesen. Leibliche Unzerstörheit ist das Ende der Werke Gottes. Sie ist im Geist Gottes wesentlich und in Christus körperlich und geht leiblich und geistlich aus in alle Gläubigen und durchdringt und ergänzt endlich die ganze Kreatur, welche wieder nach ihrem ersten Ursprung seufzt; welches Sehnen nicht

10 Unter »Evangelischen« versteht Oetinger seinem eigenen Bekenntnis gemäß Lutheraner.

umsonst sein kann, denn es ist die Ewigkeit, die das Wort in den Menschen gelegt hat und in jedes, was lebt und Odem hat.
Fleisch ist nichts Geringes in der Heiligen Schrift. Fleisch hat etwas Zerstörliches und etwas Unzerstörliches an sich. Das Zerstörliche fällt weg, das Unzerstörliche bleibt und wird erhöht.

Und was Gott, den Grund alles Seins betrifft, so hat Oetinger einerseits in der jüdischen Mystik, der Kabbala, andererseits von Jakob Böhme gelernt, daß Gott als der letztlich Unnennbare, der Unbeschreibbare in den Tiefen seiner selbst, in den Tiefen der Gottheit ruht. Es ist eine Tiefe, aus der wiederum sein Wort, Licht und Leben – alles zusammengenommen als die Wirkmacht der Liebe, die wiederum Gott ist – hervorgeht. Daher Oetingers Deutung, die er in seiner Erklärung der einzigartigen christlich-kabbalistischen Lehrtafel von Bad Teinach/Schwarzwald niedergelegt hat:

Gott ist die unergründliche Tiefe, das Unendliche (En-Sof) ..., der in sich selbst wohnt. Dieser will sich den Geschöpfen mitteilen. Darum heißt der erste Ausgang aus dem En-Sof, aus dem Ungrund, ›ursprünglich‹, wie wir im Lied beten:
›Dem dreimal einen Gott, als der urspünglich war,
der ist und bleiben wird, jetzund und immerdar.‹

Friedrich Hölderlin (1770–1843): Sehnsucht nach der verlorenen Einheit

»Hen kai pan«, ein und alles, das war die Parole, die sich die Tübinger Studenten, insbesondere die Freunde Hegel und Hölderlin einander zuriefen. Beide litten darunter, daß sie sich einer strengen theologischen Studienordnung unterziehen mußten, um dann protestantische »Geistliche« zu werden. Davor, vor allem aber vor der damit verbundenen, nicht minder streng reglementierten Pfarramtsführung blieben sie verschont. Wie bekannt, endete Hölderlins Schicksalsweg überaus tragisch … Er bekam nur zu schmerzhaft zu spüren, was er in der Vorrede seines »Hyperion« (Vorrede der vorletzten Fassung) als den »Verlust ursprünglicher Geborgenheit« ausdrückte, den Verlust dessen, was der Mystiker, die Mystikerin als die Möglichkeit des Einswerdens in Gestalt der ersehnten *»Unio mystica«* bezeichnet:

> *Wir durchlaufen alle eine exzentrische Bahn, und es ist kein anderer Weg möglich von der Kindheit zur Vollendung.*
> *Die selige Einigkeit, das Sein, im einzigen Sinne des Worts, ist für uns verloren, und wir mußten es verlieren, wenn wir es erstreben, erringen sollten. Wir reißen uns los vom friedlich ›Hen kai pan‹ der Welt, um es herzustellen, durch uns selbst. Wir sind zerfallen mit der Natur. Und was einst, wie man glauben kann,* ***eins*** *war, widerstreitet sich jetzt, und Herrschaft und Knechtschaft wechselt auf beiden Seiten …*

Damit ist etwas von der Grundbefindlichkeit des Menschen, jedes Menschen ausgesagt. Da fragt es sich, ob es einen Weg in die Freiheit des Geistes gibt, die Luther die »Freiheit des Christenmenschen« genannt hat, wenn einem Menschen der Sehnsucht wie Friedrich Hölderlin der traditionelle kirchliche Weg ungangbar geworden ist. In der hymnischen Sprache und der mythischen Bildwelt des Dichters artikuliert sich mystische Naturfrömmigkeit in einer Weise, die auf typisch-protestantisches Vokabular konsequent verzichtet:

O selige Natur; ich weiß nicht, wie mir geschieht, wenn ich mein Auge erhebe vor deiner Schöne, aber alle Lust des Himmels ist in den Tränen, die ich weine vor dir, der Geliebte vor der Geliebten.
Mein ganzes Wesen verstummt und lauscht, wenn die zarte Welle der Luft mir um die Brust spielt. Verloren ins weite Blau, blick ich oft hinauf an den Aether und hinein ins heilige Meer, und mir ist, als öffnet' ein verwandter Geist mir die Arme, als löste der Schmerz der Einsamkeit sich auf ins Leben der Gottheit.
***Eines zu sein mit allem**, das ist Leben der Gottheit; das ist der Himmel des Menschen.*
Eines zu sein mit allem was lebt, in seliger Selbstvergessenheit wiederzukehren ins All der Natur, das ist der Gipfel der Gedanken und Freuden. Das ist die heilige Bergeshöhe, der Ort der ewigen Ruhe, wo der Mittag seine Schwüle und der Donner seine Stimme verliert und das kochende Meer der Woge des Kornfelds gleicht.

Auch gibt es für den Dichter des »Hyperion« schließlich eine Einheit, die das Ich mit dem Seinsganzen – als Metapher für den ungenannten ewigen Frieden stiftenden Gott – verbindet.

> *Jenen ewigen Widerstreit zwischen unserem Selbst und der Welt zu endigen, den Frieden alles Friedens, der höher ist denn alle Vernunft, den wiederzubringen, uns mit der Natur zu vereinigen zu einem unendlichen Ganzen, – das ist das Ziel all unseres Strebens, – wir mögen uns darüber verstehen oder nicht.*

Friedrich Schleiermacher (1768–1834): Anschauung ohne Gefühl ist nichts

Unter den Theologen, die in der Epoche der deutschen Romantik eine besondere Stellung eingenommen haben, steht Friedrich Ernst Daniel Schleiermacher an erster Stelle. Die Dichter und Denker konnten auf ihn als auf einen kongenialen Geist rechnen, nachdem er die pietistische Frömmigkeitsschule des Grafen Zinzendorf durchlaufen und auch die Gedankenbahnen der Aufklärung verlassen hatte. Da wie dort wurde er mancher Einseitigkeiten und Engführungen gewahr. Dogmatismus jeglicher Art war ihm verpönt. Der Schwung, den er von seiner romantischen Lebensauffassung empfing, beflügelte ihn, als er unmittelbar vor der Jahrhundertwende, ehe er Prediger in Berlin sowie Professor und Rektor der Universität geworden war, seine berühmten »Reden über die Religion an die Gebildeten unter ihren Verächtern« niederschrieb.

Wenn er sich auch selbst bisweilen als »Mystiker« begriff, so verstand er das Zentrum und die Lebensmitte aller Religion als Mystik, das heißt als eine Weise des intuitiven Zugangs zur Gottesbegegnung. Dazu wollte er seine Zeitgenossen anleiten. Dabei war er sich bewußt, daß diese Haltung nicht jedermanns Sache sein könne, weil der allgemeine Trend im gesellschaftlichen Leben – damals wie heute – ein ganz anderer sei. In der ersten seiner »Reden«, in der er sein »unerwartetes Unternehmen«, das er als eine Verteidigung des Christentums vorstellt, deutet er dies an.

Von alters her ist der Glaube nicht jedermanns Ding gewesen, von der Religion haben immer nur wenige etwas verstanden ... Jetzt besonders ist das Leben der gebildeten Menschen fern von allem, was ihr auch nur ähnlich wäre. Ich weiß, daß Ihr ebensowenig in heiliger Stille die Gottheit verehrt, als Ihr die verlassenen Tempel besucht, daß es in Euren geschmackvollen Wohnungen keine anderen Hausgötter gibt als die Sprüche der Weisen und die Gesänge der Dichter und daß Menschheit und Vaterland, Kunst und Wissenschaft ... so völlig von Eurem Gemüte Besitz genommen haben, daß für das ewige heilige Wesen, welches jenseits der Welt liegt, nichts übrig bleibt und Ihr keine Gefühle habt für dasselbe und mit ihm ...
In das Hilferufen der meisten über den Untergang der Religion stimme ich nicht ein, denn ich wüßte nicht, daß irgendein Zeitalter sie besser aufgenommen hätte als das gegenwärtige und ich habe nichts zu schaffen mit den altgläubigen und barbarischen Wehklagen, wodurch sie die eingestürzten Mauern ihres jüdischen Zions und seiner gotischen Pfeiler wieder emporschreiben möchten ...
Als Mensch rede ich zu Euch von den heiligen Mysterien der Menschheit ...

Es ist die Gefühlssprache der Romantik, mit der er seine Leserschaft an religiöse Erlebnis- und Erfahrungsmöglichkeiten heranführen möchte. Dabei ist ihm deutlich bewußt, wie unaussprechlich das ist, was uns von der anderen Dimension der einen Wirklichkeit her ergreift. Entscheidend ist ihm, daß man sich nicht mit der Erfüllung äußerer Formen und Riten begnügt, sondern daß man »die Religion in der Religion«, das innere Erfassen und Erfaßtwerden seinem individuellen und gemeinschaftlichen Leben einfügt.

Anschauung ohne Gefühl ist nichts und kann weder den rechten Ursprung noch die rechte Kraft haben, Gefühl ohne Anschauung ist auch nichts. Beide sind nur dann und deswegen etwas, wenn und weil sie ursprünglich eins und ungetrennt sind. Jener erste geheimnisvolle Augenblick, der bei jeder sinnlichen Wahrnehmung vorkommt, ehe noch Anschauung und Gefühl sich trennen, wo der Sinn und sein Gegenstand gleichsam ineinander geflossen und eins geworden sind, ehe noch beide an ihren urspünglichen Platz zurückkehren – ich weiß, wie unbeschreiblich er ist …
Könnte und dürfte ich ihn aussprechen, andeuten wenigstens, ohne ihn zu entheiligen! Flüchtig ist er und undurchsichtig wie der erste Duft, womit der Tau die erwachten Blumen anhaucht, schamhaft und zart wie ein jungfräulicher Kuß, heilig und fruchtbar wie eine bräutliche Umarmung; ja nicht wie dies, sondern er ist als dieses selbst …
Ich liege am Busen der unendlichen Welt. Ich bin in diesem Augenblick ihre Seele, denn ich fühle alle ihre Kräfte und ihr unendliches Leben wie mein eigenes. Sie ist in diesem Augenblick mein Leib, denn ich durchdringe ihre Muskeln und ihre Glieder wie meine eigenen … Dieser Moment ist die höchste Blüte der Religion.

Sucht unter allen den Begebenheiten, in denen sich diese himmlische Ordnung abbildet, ob euch nicht eine aufgehen wird als ein göttliches Zeichen. Laßt euch einen alten, verworfenen Begriff gefallen und sucht unter allen den heiligen Männern, in denen die Menschheit sich unmittelbar offenbart, einen auf, der der Mittler sein könne zwischen eurer eingeschränkten Denkungsart und den ewigen Grenzen der Welt. Und wenn ihr ihn gefunden habt, dann durchlauft die ganze Menschheit und laßt alles, was euch bisher anders schien, von dem Widerschein dieses neuen Lichts erhellt werden.

Von diesen Wanderungen durch das ganze Gebiet der Menschheit kehrt dann die Religion mit geschärfterem Blick und gebildeterem Urteil in das eigene Ich zurück. Und sie findet zuletzt alles, was sonst aus den entlegensten Gegenden zusammengesucht wurde, bei sich selbst. ***In euch selbst*** *findet ihr, wenn ihr dahin gekommen seid, nicht nur die Grundzüge zu dem Schönsten und Niedrigsten, zu dem Edelsten und Verächtlichsten, was ihr als einzelne Seiten der Menschheit an andern wahrgenommen habt.* ***In euch selbst*** *entdeckt ihr nicht nur zu verschiedenen Zeiten alle die mannigfaltigen Grade menschlicher Kräfte, sondern alle die unzähligen Mischungen verschiedener Anlagen, die ihr in den Charakteren anderer angeschaut habt, erscheinen euch nur als festgehaltene Momente eures eigenen Lebens …*

Bei wem sich die Religion so wiederum nach innen zurückgearbeitet und auch dort das Unendliche gefunden hat, in dem ist sie von dieser Seite vollendet. Er bedarf keines Mittlers mehr für irgendeine Anschauung der Menschheit, und er kann es selbst sein für viele.

In seiner abschließenden fünften Rede, in der Schleiermacher den christlichen Glauben im Zusammenhang mit anderen Religionen bespricht, kommt er nochmals auf sein Anliegen zurück, lebendige Religiosität als eine objektive wie als eine subjektive Seite der Wirklichkeit deutlich zu machen. Stets spricht aus ihm der religiöse Mensch, der sich als ein »Beschauer des Ewigen« begreift. Es ist der Mensch, der aus der Innigkeit seines Erlebens heraus zu einem Zeugen seiner Gotteserfahrung wird.

Betrachtet noch einmal den erhabenen Augenblick, in welchem der Mensch überhaupt zuerst in das Gebiet der Religion eintritt. Die erste bestimmte religiöse Ansicht, die in sein Gemüt mit einer solchen Kraft eindringt, daß durch einen einzigen Reiz sein Organ fürs Universum zum Leben gebracht und von nun an auf immer in Tätigkeit gesetzt wird, bestimmt freilich seine Religion. Sie ist und bleibt seine Fundamental-Anschauung, in Beziehung auf welche er alles ansehen wird. Und es ist im voraus bestimmt, in welcher Gestalt ihm jedes Element der Religion, sobald er es wahrnimmt, erscheinen muß.
Das ist die objektive Seite dieses Moments. Seht aber auch auf die subjektive: So wie durch ihn in jener Rücksicht seine Religion insofern bestimmt wird, daß sie zu einem in Rücksicht des unendlichen Ganzen völlig geschlossenen Individuums gehört, aber doch nur ein unbestimmtes Bruchstück desselben, denn nur mit mehreren vereint kann es das Ganze darstellen. So wird durch denselben Moment auch seine Religiosität in Rücksicht der unendlichen religiösen Anlage der

Menschheit als ein ganz eigenes und neues Individuum zur Welt gebracht …

Jeden, der so den Geburtstag seines geistigen Lebens angeben und eine Wundergeschichte erzählen kann vom Ursprung seiner Religion, die als eine unmittelbare Einwirkung der Gottheit und als eine Regung ihres Geistes erscheint, müßt ihr auch dafür ansehen, daß er etwas Eigenes sein, und daß etwas Besonderes mit ihm gesagt sein soll. Denn so etwas geschieht nicht, um eine leere Dublette hervorzubringen im Reich der Religion.

Und so wie jedes auf jene Art entstandene Wesen nur aus sich erklärt und nie ganz verstanden werden kann, wenn ihr nicht soweit als möglich auf die ersten Äußerungen der Willkür in den frühesten Zeiten zurückgeht, so ist auch die religiöse Persönlichkeit eines jeden ein geschlossenes Ganzes und ihr Verstehen beruht darauf, daß ihr die ersten Offenbarungen derselben zu erforschen sucht.

Friedrich von Hardenberg-Novalis (1772–1801): Nach innen geht der geheimnisvolle Weg

Als »Dichter der Blauen Blume« ist Novalis, der früh Vollendete, in die europäische Literatur- und Geistesgeschichte eingegangen. Eine sorgfältige Betrachtung seines in vieler Hinsicht fragmentarischen Werkes zeigt, welch ein Reichtum an geistig-geistlichem Keimgut seinen Gedichten, mehr noch seinen »Blütenstaub«-artigen Gedankenentwürfen innewohnt. Wohl weisen bereits die »Hymnen an die Nacht« und die einst in viele Gesangbücher aufgenommenen »Geistlichen Lieder« über sich hinaus. Doch sein Name steht für ein Mysterium, das – so darf man sagen – mit dem Zukunftsgeheimnis des Christentums zusammenhängt, wenn er – gerade als ein der Heiligen Schrift verpflichteter Protestant – erklärt:

Am Christentum hat man Ewigkeiten zu studieren. Es wird einem immer höher und mannigfacher und herrlicher.

In den Evangelien liegen die Grundzüge künftiger und höherer Evangelien.

Der Heilige Geist ist mehr als die Bibel. Er soll unser Lehrer des Christentums sein, nicht toter, irdischer, zweideutiger Buchstabe.

Gott will Götter.

Novalis hat sich aufgemacht, die innere Welt als solche zu suchen, in sie einzukehren und sie seiner Mit- und Nachwelt zu bezeugen, denn:

> *Wir träumen von Reisen durch das Weltall – ist denn das Weltall nicht* ***in uns?*** *Die Tiefen des Geistes kennen wir nicht –* ***nach innen geht der geheimnisvolle Weg****. In uns oder nirgends ist die Ewigkeit mit ihren Welten – die Vergangenheit und Zukunft. Die Außenwelt ist die Schattenwelt – sie wirft ihren Schatten in das Lichtreich. Jetzt scheints uns freilich innerlich so dunkel, einsam, gestaltlos – aber wie ganz anders wird es uns dünken, wenn diese Verfinsterung vorbei und der Schattenkörper hinwegerückt ist. Wir werden mehr genießen als je, denn unser Geist hat entbehrt.*
>
> *Wie kann ein Mensch Sinn für etwas haben, wenn er nicht den Keim davon in sich hat. Was ich verstehn soll, muß sich in mir organisch entwickeln – und was ich zu lernen scheine.*

Eröffnet wurde ihm dieser Sinn als ein Wahrnehmungsorgan höherer Ordnung durch zwei Begegnungen: zum einen durch seine jugendliche, noch vor ihm verstorbene Braut Sophie von Kühn, zum andern durch Jakob Böhme, dessen Schriften er nicht minder aufmerksam las als andere spirituell-mystische Texte. Nach den Tagebuchaufzeichnungen, die wiederum auf seine »Hymnen an die Nacht« verweisen, hatte Novalis am Grab seiner Sophie ein Erweckungserlebnis. Soweit er davon berichten konnte, gipfelt es in dem Satz: »Christus und Sophie«. Die Trauer über die in die Ewigkeit eingegangene, kaum der Kindheit entwachsene Geliebte verwandelt sich wie in Schüben in eine überraschende, überwältigende Gestaltwahrnehmung, nämlich in die Begegnung mit der göttlichen Sophia selbst, auch wenn er sich dieser Tatsache erst ahnungsweise bewußt werden kann. Eine neue Dimension der Wirklichkeit wird sichtbar. Er dichtet:

Gegründet ist das Reich der Ewigkeit,
In Lieb und Frieden endigt sich der Streit.
Vorüber ging der lange Traum der Schmerzen,
Sophie ist ewig Priesterin der Herzen.

Was unterscheidet eigentlich das Reich des Dichters von dem, das die Christenheit im Vaterunser erfleht? So anders, so phantasiedurchwirkt, auch zeitgebunden seine Worte, seine Bilder und Gleichnisse sein mögen, es ist der »Herzschlag einer neuen Zeit«, deren Anbruch für ihn unmittelbar bevorsteht. »Längst vermisste Brüder findet er in seinen Jüngern wieder«. Es sind die Jünger des Auferstandenen, dessen Gegenwart er in seinen »Geistlichen Liedern« aufruft, in deren Mitte er das Sakrament der Gemeinschaft vollzieht:

Ich sag es jedem, daß er lebt
Und auferstanden ist,
Daß er in unsrer Mitte schwebt
Und ewig bei uns ist.

Ich sag es jedem, jeder sagt
Es seinen Freunden gleich,
Daß bald an allen Orten tagt
das neue Himmelreich

Und in seinem Aufsatz »Die Christenheit oder Europa«, in dem er Vergangenheit beschwörend nach dem Zukünftigen Ausschau hält, erfüllt ihn die Gewißheit: *Nur Geduld, sie wird, sie muß kommen, die heilige Zeit des ewigen Friedens.*

Was nun Jakob Böhme anlangt, so war er es, der Novalis inspirierte. Ihm verdankte er ein vertieftes Verständnis für die göttliche Sophia als der zur Lebensmitte des Menschen gehörenden, seine Ganzheit konstellierenden Wesenheit. Die über die gesamte Schöpfung ausgebreitete, sie durchdringende Weisheit Gottes ist bei beiden sowie bei vielen anderen zu der Geistfährtin geworden, die Adam einst verloren hat und die – in Christus – zu finden jedem Menschen aufgetragen ist. Im Sehnsuchtsbild der heiligen Hochzeit geschaut, ausgedrückt durch »Christus und Sophie« und vollziehbar in jedem »letzten Liebesmahle« rührt Novalis in seiner Hymne an das Mysterium der Liebe, an das Mysterium Christenheit (Eph. 5,32). Seine Verse erinnern an die nicht minder erotisch durchglühten Strophen der Mechthild von Magdeburg.

Sprache und Bildwelt des Eros, wie sie schon im Hohenlied Salomonis in anrührender Weise zur Darstellung gelangen, sind aus den Schilderungen mystischer und auch sakramentaler Texte ohnehin nicht wegzudenken.

Es ist die Stimme eines Erfahrenden, eines Ergriffenen, der sich in seiner Hymne vernehmbar macht.

Wenige wissen
Das Geheimnis der Liebe,
Fühlen Unersättlichkeit

Und ewigen Durst.
Des Abendmahls
Göttliche Bedeutung
Ist den irdischen Sinnen Rätsel;
Aber wer jemals
Von heißen, geliebten Lippen
Atem des Lebens sog,
Wem heilige Glut
In zitternde Wellen das Herz schmolz,
Wem das Auge aufging,
Daß es des Himmels
Unergründliche Tiefe maß,
Wird essen von seinem Leibe
Und trinken von seinem Blute
Ewiglich.

Wer hat des irdischen Leibes
Hohen Sinn erraten?
Wer kann sagen,
Daß er das Blut versteht?

Einst wird alles
***Ein** Leib.*
Im himmlichem Blute
Schwimmt das selige Paar. –
O daß das Weltmeer
Schon errötete,
Und in duftiges Fleisch
Aufquölle der Fels!

Nie endet das süße Mahl,
Nie sättigt die Liebe sich.
Nicht innig, nicht eigen genug

Kann sie haben den Geliebten.
Von immer zarteren Lippen
Verwandelt sie das Genossene
Innerlicher und näher.

Heißere Wollust
Durchbebt die Seele.
Durstiger und hungriger
Wird das Herz:
Und so währet der Liebe Genuß
Von Ewigkeit zu Ewigkeit.

Hätten die Nüchternen
Einmal gekostet,
Alles verließen sie,
Und setzten sich zu uns
An den Tisch der Sehnsucht,
Der nie leer wird.
Sie erkennten der Liebe
Unendliche Fülle,
Und priesen die Nahrung
Von Leib und Blut.

Friedrich Rittelmeyer (1872–1938): Meditation als Leben aus Gott

Von 1902 bis 1916 wirkte Pfarrer Dr. phil. Lic.theol. Friedrich Rittelmeyer an der (im Zweiten Weltkrieg zerstörten) Nürnberger Heilig-Geist-Kirche. Zusammen mit seinem gleichgesinnten, als Hauptprediger an Sankt Sebald tätigen Christian Geyer (1862–1929) gehörte er zu den evangelischen Theologen der bayerischen Landeskirche, die als Prediger wie als religiöse Schriftsteller eine überregionale Bedeutung erlangten. Sie verkörperten ein im besten Sinn des Wortes »freies Christentum«, das auf dem geistlichen Fundament des Protestantismus gegründet war und das darüber hinaus eine fortschreitende Erneuerung aus den Grundkräften des Evangeliums anstrebte. Innerlich knüpfte vor allem Rittelmeyer an die mystisch-meditative Strömung der mittelalterlichen Kirche an, indem er zu deren aktualisierter, dem heutigen Bewußtsein gemäßen Weiterentwicklung wesentlich beitrug. Daß er innerhalb der Landeskirche, bei Kirchenleitung und großen Teilen der Pfarrerschaft auf Ablehnung stieß, lag nicht etwa an einer mangelnden Ernsthaftigkeit seiner Bemühung um Frömmigkeit und Verinnerlichung, sondern großenteils an der allgemeinen Ablehnung mystischer Erfahrung in neuzeitlichen Luthertum sowie an dem Verzicht, eine spirituelle Übung als Weg praktizierter Christusnachfolge auf sich zu nehmen. Wie unbegründet die »in kirchlichen Kreisen« gelegentlich immer noch geäußerte Befürchtung ist, daß ein geistliches Exercitium einen

Rückfall in vorreformatorische Werkgerechtigkeit bedeute, weiß jeder und jede, die die bildnahe Meditation und die gegenstandsfreie Kontemplation aus eigenem Vollzug kennen.
Diese Bemühung um eine methodische Hinführung zur Meditation im Sinne einer Aneignung und Vergegenwärtigung des Evangeliums zieht sich wie ein roter Faden durch Leben und Schaffen Rittelmeyers hindurch. Die Nachwirkung der von ihm ausgegangenen Impulse hält – unter veränderten Verhältnissen – bis heute an. In einem der beiden gemeinsam mit Christian Geyer herausgegebenen, einst viel benützten Predigtsammlungen »Gott und die Seele« (1906) rät der Prediger (zum Text von Joh. 6,15) seinen Zuhörern, sich einmal vorzunehmen:

> *Ich will täglich eine halbe Stunde mit meinem Gott allein sein, ganz allein. Unbeirrbar und unerbittlich will ich daran festhalten und wie es auch gehen mag; ich will täglich eine halbe Stunde in die Stille gehen … Einen Tempel gibt es, den können nur wir selbst unsrem Gott bauen … das ist unser Herz. Und für dies Herz gibt es nichts, was so notwendig wäre, als die Stunde des Alleinseins mit Gott!*

Und dann das, was der junge Rittelmeyer nach seinem Vikariat an der Johanniskirche in Würzburg bereits am Anfang seiner Nürnberger Tätigkeit (d.h. vor 1906) als seine »selbst erprobte sichere Erfahrung« bezeichnen konnte:

Die Seele muß es lernen, ohne alles Wünschen und Bitten einfach in Gott zu ruhen, in Gott zu atmen, aus Gott heraus zu denken und zu sehen. Eine wirklich tiefinnerliche Frömmigkeit, ein wirkliches Leben in Gott kann ich mir anders nicht denken ... Wir sollen in ihm leben, aus ihm heraus in die Welt hineinblicken und in die Welt hineinwirken. Wir sollen in Gott wirklich wurzeln mit unserem innersten Dasein.

Geht man den Spuren der vor allem an spirituellen Erlebnissen reichen Biographie Rittelmeyers nach, dann stellt man fest, daß der Gedanke der geistlichen Übung ihn lebenslang begleitet hat. In seinem Aphorismenbuch »Der Pfarrer« finden sich entsprechende Hinweise aus seiner ersten Amtszeit.

Ihr Höchstes, Zartestes, Edelstes erreicht keine Seele ohne harte Zucht, ohne Umschaffung des Leibes zum geheiligten Gehilfen des Geistes. ***Sei dein eigner Ordensstifter,*** *so streng als klug als zielbewußt.*
Wir sollen uns mit Gott vereinigen, aber wir sollen uns nicht mit Gott verwechseln. Gibt es irgend einen, der vor dieser Gefahr nicht mehr auf der Hut sein müßte?
Und die Zeiten der Gottverlassenheit? – Sie sind uns gedeutet in jener Geschichte von Suso (Heinrich Seuse). Als er einem gottesfürchtigen Mönch, der ihn nach seinem Tode in einer Vision besuchte, die Frage vorlegte, welche Prüfung die schmerzlichste und zugleich heilsamste sei, erhielt er die Antwort: ›Nichts ist so schmerzlich und förderlich als von Gott verlassen sein; da gibt der Mensch seinen Eigenwillen auf und erleidet, um Gottes willen seines Gottes beraubt zu sein.‹ –

Die tiefste uneigensüchtigste Verbindung mit dem Göttlichen, der reinste, uneigennützigste Dienst am Göttlichen, das ist der hohe Segen der Stunden, wo wir Gott nicht finden oder seiner doch nicht froh werden können. Das ist der Gottesgewinn der Gottverlassenheit.

In Rittelmeyers Leben lassen sich, insbesondere im Blick auf die Praxis der Meditation, bestimmte Stadien einer inneren Entwicklung ablesen. Man kann von praktizierter Mystik sprechen, insofern das menschliche Leben die gerade heute nötige Erfahrung der Mitte und der Tiefe dessen erleben kann, »was uns unbedingt angeht« (P. Tillich). Unser stark extraversiv, nach außen gerichtetes Leben verlangt ein Gegengewicht, eine Tendenz zur Sammlung und Sinnfindung.
Ihm, dem lutherischen Theologen, verhalf seine »Lebensbegegnung mit Rudolf Steiner«[11] zu einem vertieften Christusverständnis, so daß er 1922 zum Mitbegründer und ersten Leiter der anthroposophisch orientierten »Christengemeinschaft« als einer Bewegung für religiöse Erneuerung wurde. Das Beschreiten des anthroposophischen Erkenntniswegs beförderte auch seine religiöse Übung. Dabei gewann er die bereits zu Beginn der zwanziger Jahre formulierte, längst bestätigte Einsicht:

Wir gehen einer Zeit entgegen, wo die Menschen ganz anders als in den jetzigen Zeiten ihre Selbsterziehung werden in die Hand nehmen müssen. Das ist nicht eine

---

11 Friedrich Rittelmeyer: Meine Lebensbegegnung mit Rudolf Steiner. Stuttgart 1928 (Neuauflagen).

willkürliche Weissagung, sondern eine Entwicklungsnotwendigkeit, die man an vielen Stellen der Gegenwart gleichsam ablesen kann ... Das große Heilmittel einer zukünftigen Menschheit zum inneren Vorwärtskommen wird die Meditation sein. Alles andere, was man sonst nennen mag, um den Menschen innerlich zu fördern: moralische Ideen festhalten, Bibellesen, große Persönlichkeiten wirken lassen, Kunst aufnehmen –, gewinnt seine Förderungskraft, seine Verwandlungskraft, seine Verwandlungsmacht genau in dem Maße, als es Meditation wird.

Die reife Frucht eines Voranschreitens auf dem eingeschlagenen Innenweg stellt sein Buch »Meditation« (1928) dar, dessen anhaltende Wertschätzung durch suchende Menschen auch dadurch unterstrichen wird, daß es bis heute in immer neuen Auflagen greifbar geblieben ist. Wie Rittelmeyer das traditionelle Christentum mit heutiger Zeitforderung zu verbinden weiß, geht aus seinen vielfältigen Bezugnahmen auf ältere Vorbilder in ihrer Anwendbarkeit in der Gegenwart hervor. In Kapitel zwei spricht er beispielsweise von der Notwendigkeit einer inneren Ordensstiftung. Daß darunter nicht etwa ein Rückfall in eine zwanghafte Möncherei zu verstehen ist, machen seine Erläuterungen deutlich genug. Christliche Meditation kann und darf nur in der vollen »Freiheit eines Christenmenschen« vollzogen werden. Zunächst ein Beispiel, das Friedrich Rittelmeyer der Franziskus-Legende entnommen hat:

Als Franziskus Abschied nahm von dem Berg Alverno, auf dem er die Wundenmale empfangen hatte, sandte er einen letzten Blick zu der heiligen Höhe. Er kniete nieder und sprach: ›Gott behüte dich, du Berg Gottes, heiliger Berg; mons coagulatus, mons pinguis, mons in quo bene placitum est Deo habitare – lebe wohl, Berg Alvernus, Gott Vater, Gott Sohn, Gott heiliger Geist segne dich; Frieden mit dir, denn nimmer sehen wir uns wieder.‹
Wer die Seele solcher Worte spürt, der kann fühlen, was die Stätte des Gebets in der Seele des Franziskus bedeutete – und was dem Gegenwartsmenschen fehlt. Wo hat der Gegenwartsmensch seinen Berg der Anbetung? Ein Natureindruck auf einsamer Bergeshöhe im Sonnenaufgang ist die letzte, ersterbend flüsternde Erinnerung an das, was vergangene Menschen in ihrer Höhenwelt erfuhren. Was aus solchen Worten des Franziskus klingt, müssen wir wiedergewinnen, wenn nicht Allerbestes aus der Menschheit entschwinden soll.
Solowjow redet einmal von dem ›inneren Athos‹, den jeder Mensch haben müsse. Der Geist Rußlands blickt in ihm zurück auf den geweihten Berg in Griechenland, von dem so viel Segen über Rußland geströmt ist. Aber Solowjow weiß auch, daß die Vergangenheit nicht wiederkehrt. Der Mensch der Gegenwart muß sein Kloster ***in sich selber*** *gründen. Dies gilt in einem sehr viel umfassenderen Sinn, als man ahnt. Die Klostersehnsucht vieler Menschen kommt aus tiefen Gründen. Würden wir aber in den katholischen Klöstern Zuflucht suchen, so würden wir eine andere Welt finden, als wir erwarten, eine Welt, in der wir nicht mehr heimisch werden*

können.[12] *Auch in den besten Fällen würden wir uns eingestehen, daß unsere Sehnsucht etwas anderes gewollt hat, als wir hier finden.*

In der protestantischen Kirche aber ist der Aufruf zur Gründung von evangelischen Klöstern – außer in der halbkatholischen anglikanischen Welt – mehr als einmal ungehört verhallt. Er war im Grund ein Mißverständnis. Der Ruf nach dem Kloster ist aus innerer Not geboren. Aber er meint etwas anderes, als was die Menschen selbst denken. Er ruft im Grund nach dem, was hier versucht wird. Was hier geschieht, ist ***eine Ordensstiftung.*** *Nur hat jeder sein Kloster* ***in sich selber*** *zu bauen: aus der Freiheit in der Einsamkeit. Die Menschen, die zu solchem Orden gehören, mögen wohl auch einmal zusammenkommen oder miteinander sich besprechen. Aber das Wichtigste geschieht im Alleinsein. Alle Klöster der Vergangenheit sind Weissagungen auf das, was* ***in der Seele*** *zu geschehen hat.*

Seinen einleitenden Betrachtungen, in denen der Autor in zwölf Kapiteln an eine meditative Vergegenwärtigung des Johannesevangeliums schrittweise heranführt, stellt er ein Leitwort aus den Johannesbriefen voran und erläutert seine betrachtende Vorgehensweise[13]:

---

12 Es ist zu beachten, daß diese Zeilen zu Beginn des 20. Jahrhunderts geschrieben worden sind.

13 Rittelmeyers Meditationsweise ist vorwiegend auf biblische Texte und auf Evangelienbilder, vorzugsweise aus dem Johannesevangelium, bezogen. Er steht damit in der Tradition wie sie einerseits durch Ludolf von Sachsen oder auch durch Thomas von Kempen (»Nachfolge Christi«) und die Brüder vom gemeinsamen Leben, andererseits in den *Exercitia Spiritualia* des Ignatius von Loyola vorgeprägt worden ist. Daß er die in be-

Gott ist die Liebe,
und wer in der Liebe bleibt,
der bleibt in Gott
und Gott in ihm.

Wir richten unser Augenmerk zunächst auf den ersten Satz: Gott ist die Liebe. Wem dies Wort noch nicht das volle Gewicht einer Wahrheit hat, der mag sich einen anderen ähnlichen Gedanken wählen, etwa den Satz: Die Liebe ist der Sinn der Erdenwelt – oder noch zurückhaltender: Reine Liebe ist ein Lebensziel des Menschen. Andererseits kann der, dem die Wahrheiten des Christentums die letzte Wirklichkeit aussprechen, sich das Wort noch dadurch verstärken, daß er es sich von Christus selbst gesprochen denkt:

Ich bin die Liebe.

Ist dieser Satz auch nicht im Wortlaut von Christus gesprochen, so ist er doch der Lebensinhalt, der aus ihm spricht.
Unsre Absicht ist, daß ein solcher Geistesinhalt so stark wie irgend möglich eine Zeitlang in uns da sein möge. Da müssen wir zunächst lernen, über das bloße Herumdenken an einem solchen Wort hinauszukommen. Gerade der Gegenwartsmensch hat es damit allermeist recht schwer. Er fängt an zu reflektieren, wenn er meditieren soll. Vor lauter Gedanken kommt er nicht zum Geist. Oder wenn es ihm gelingt, die irrlichterierenden Gedanken abzustellen, so sinkt er in die Welt der bloßen Gefühle, schwelgt darin und nennt es ›Mystik‹.

---

sonderer Weise an den Willen appellierende jesuitische Spiritualität, den Jesuitismus als solchen, strikt abgelehnt hat, steht auf einem anderen Blatt.

Beide Abirrungen müssen überwunden werden. Man kann es, wenn man eine gewisse innere Aktivität, über den bloßen Gedanken hinaus, entfaltet. Nur bei solcher inneren Aktivität wird es auch möglich werden, ein solches Wort eine Viertelstunde lang zu erleben, ohne daß man in ein totes Anstarren oder in ein dumpfes Hinbrüten hineingerät. Solang man nicht längere Zeit betrachtend auf einem Geistesinhalt verweilen kann, mag man ihn sich durch verschiedene Gedankenreihen immer neu beleben, – wenn man nur den Hauptgedanken niemals aus der Blickrichtung verliert. Später kann man dann den Hauptgedanken oder Hauptinhalt dadurch festhalten, daß man sich einfach bemüht, ihn immer stärker werden zu lassen …
Alle diese Bemühungen sind nicht etwa Versuche zur ›Selbsterlösung‹, wie immer wieder unverständigerweise behauptet wird, sondern nur Bemühungen, sich das anzueignen, was für uns da ist. Mit dem Ernst es sich anzueignen, wie er der Würde und Größe des Offenbarungsgeschenks entspricht. Richtiger: es sind nicht einmal Versuche, es sich anzueignen, sondern Versuche, dafür da zu sein und sich ihm wieder zu schenken.

Dag Hammarskjöld (1905–1961): Politische Verantwortung beginnt innen

So sehr es im Wesen des Politikers liegt, nach außen zu wirken, für andere da zu sein, für große und größte Gemeinwesen Verantwortung zu tragen, so rätselhaft, wenn nicht geheimnisvoll mag erscheinen, welches innere Gegengewicht er den Forderungen des Tages entgegensetzte, um – zunächst für sich selbst – einen Ausgleich zu finden. Für den schwedischen Diplomaten, Abkömmling einer alten nordischen Adelsfamilie, stellte diese Frage nach dem Verhältnis von Innen und Außen ein Lebensthema dar, dem er sich Tag für Tag und Jahr um Jahr in einer exemplarischen Weise gestellt hat. Nachdem er schon in jungen Jahren als Staatssekretär in Finanzministerium tätig war, betraute man den früh Gereiften 1953 mit dem Amt des Generalsekretärs der Vereinten Nationen, das er nach seiner Wiederwahl bis zu seinem plötzlichen Tod im Zusammenhang einer Friedensmission bekleidete. Er erfolgte bei einem in vieler Hinsicht rätselhaften Flugzeugabsturz in Zentralafrika am 17. September 1961.

Daß dieser »Politiker im Dienste des Weltfriedens« in kühler Sachlichkeit und in verantwortungsbewußter Pflichterfüllung tätig war, erlebten viele. Aber nur sehr wenige, ahnten und wußten zu seinen Lebzeiten, daß er einen inneren Weg ging – den Weg eines Mystikers. Sein posthum veröffentlichtes geistliches Tagebuch »Zeichen am Weg« machte es schließlich offenbar. Auf die Frage, wie sich für ihn das Verhältnis von Dienst und Sammlung gestaltete und wodurch er sich hierfür habe anleiten lassen, antwortete er:

Die Erklärung, wie ein Mensch ein Leben aktiven gesellschaftlichen Dienens in vollkommener Übereinstimmung mit sich selbst als Mitglied der Gemeinschaft des Geistes leben soll, habe ich in den Schriften der großen mittelalterlichen Mystiker gefunden. Für sie war ›Selbsthingabe‹ der Weg zur Selbstverwirklichung. Sie fanden in der ›Einsamkeit des Geistes‹ und in der Innerlichkeit die Kraft, Ja zu sagen, wo immer sie sich den Forderungen ihrer bedürftigen Mitmenschen gegenübergestellt sahen.

Liebe – dieses oft mißbrauchte und falsch verstandene Wort – bedeutete für sie nichts als das Überfließen der Kraft, von der sie sich erfüllt fühlten, wenn sie in wahrhaftem Selbstvergessen lebten. Und diese Liebe fand ihren natürlichen Ausdruck in der bedenkenlosen Erfüllung ihrer Pflicht und in einer uneingeschränkten Hinnahme alles dessen, was das Leben ihnen persönlich an Mühen, Leiden – oder an Beglückung – brachte.

Auf die außerordentliche Persönlichkeit deutend schrieb Karlmann Beyschlag in seinem Hammarskjöld-Porträt: »Was wir hier vor uns haben, ist ein Mensch, dessen Leben durch eine unmittelbare, überpersönliche Berührung beschlagnahmt worden ist. Wie alle, die solchen Eingriff erlebt haben – die Reihe reicht von Paulus über Augustin, Franziskus bis zu Teresa von Avila, George Fox, Blaise Pascal, Hamann, Novalis u.a. – hat auch Hammarskjöld das Wie des überwältigenden Geschehens nicht beschreiben können.« Und doch sind es gerade die aus dem unmittelbarem Konfrontiertsein mit dem Ganz-Anderen und zugleich Inwendig-Gegenwärtigen geschriebenen Lebenszeugnisse, an deren Authentizität nicht zu zweifeln ist. Wesenhaftes, in Seelentiefen Empfangenes, Errungenes, duldet nur die knappe, beschwörende Sprache des Dichters, des Mystikers, etwa mit Anklang an das Pauluswort aus dem Galaterbrief Kap. 2,20:

Nicht ich, sondern Gott in mir.

Oder auf das religiöse Vokabular bewußt verzichtend, keiner Deutung bedürftig:

Einmal packtest du mich, Schleuderer,
jetzt *in deinem Sturm.*
Jetzt gegen dein Ziel.

Dieses »Einmal«, ein Einmal für immer, bleibt – in unerhörter Weise – Person, in die eigene Existenz in unablösbarer Weise hingenommen:

Du, der du auch ich bist.
In deinem Wind –.
In Deinem Licht –.

Weiß man, daß Hammarskjöld auf seinem letzten, dem Todesflug nach Afrika nicht nur die »Nachfolge Christi« des Thomas von Kempen bei sich hatte, sondern auch seinen Übersetzungsentwurf von Bubers philosophischer Grundschrift »Ich und Du«, dann wundert nicht, daß er, ergriffen vom »ewigen Du«, mit eben diesem Du, als dem »In mir, über mir« (Nietzsche), rang:

Du,
den ich nicht kenne,
dem ich doch gehöre.
Du,
den ich nicht verstehe,
der dennoch mich weihte
meinem Geschick.
Du –

An anderer Stelle und immer wieder:

Du, der über uns ist,
Du, der einer von uns ist,
Du, der ist –
auch in uns;
daß alle dich sehen – auch in mir,
daß ich den Weg bereite für dich,
daß ich danke für alles, was mir widerfuhr.
Daß ich dabei nicht vergesse
der anderen Not.
Behalte mich in deiner Liebe,
so wie du willst,
daß andere bleiben in der meinen.
Möchte sich alles in diesem meinem Wesen
zu deiner Erde wenden
und möchte ich nie verzweifeln.
Denn
ich bin unter deiner Hand,
und alle Kraft und Güte
sind in dir.

Und an anderer Stelle:

Gib mir einen reinen Sinn,
daß ich dich erblicke;
einen demütigen Sinn,
daß ich dich höre,
einen liebenden Sinn,
daß ich dir diene,
einen gläubigen Sinn,
daß ich in dir bleibe.

Irmengard Bardo (d. i. Bauer-Dorn) (1909–1993): Die Schrift aus der Mitte

Immer neue Zeugnisse spiritueller Erfahrung werden bekannt. Nicht in jedem Fall muß man von Dokumenten christlicher Mystik sprechen. Entscheidend ist auch nicht, daß einem Menschen Außerordentliches, bisweilen Paranormales geschieht, sondern *wie* das Erlebte in die konkrete Ganzheit der menschlichen Existenz hineingenommen werden kann. Selbst an das Pathologische rührende Grenzerfahrungen, die durchschritten werden müssen, können individueller Ausdruck dessen sein, was einen Menschen in die Tiefe führt.
Ein bemerkenswertes Beispiel hierfür bietet das Schicksal von Irmengard Bardo/Bauer-Dorn: In ihrer Lebensmitte (1946) kam die einst in Oberbayern wohnende Frau wie zufällig zur Praxis des intuitiven Schreibens. Es widerfuhr ihr als Ausdruck einer spirituellen Krise, die die geschiedene, alleinerziehende junge Mutter in der Länge der Zeit ohne psychotherapeutische Beratung oder Hilfestellung in eigener Regie zu meistern vermochte. Sie selbst begriff rückblickend das Geschehen als einen Organismus von Fügungen, die eine übergeordnete Instanz inszeniert haben mußte und die sie dankbar entgegennahm. Diese »Schrift aus der Mitte« – eine Formulierung, der sie gerne zustimmte – und die Frau Bardo zu einer Fülle spirituell-mystischer Texte gelangen ließ, erwies sich als eine Initiation, einen Einstieg in einen stufenreichen Prozeß der Selbsterkenntnis und der Persönlichkeitsreifung. Er erstreckte sich über

mehr als vier Jahrzehnte. Die Tatsache, daß ich Irmengard Bardo von 1979 bis zu ihrem Tod in regem geistigem Austausch begleiten durfte, stellte für mein eigenes Leben und Schaffen einen großen Gewinn dar, den ich an dieser Stelle dankbar bezeuge.
Die nachfolgenden Texte entstammen verschiedenen Phasen eines intuitiven, also von innen, gleichwohl bei klarem Bewußtsein abgefaßten Schreibens. Die Niederschriften erfolgten oft in großer Geschwindigkeit, zumal sie keines Nachdenkens bedürftig waren. Nicht selten stellten sie die Antwort auf Fragen dar, die in Frau Bardo aufgetaucht waren oder von Gesprächspartnern an sie herangetragen wurden. Die Wortlaute entstanden in dem Bewußtsein, am Anbruch einer Zeit zu stehen, in der ein neues, von ihr selbst erfahrenes Christusverständnis aufblüht

Christus sprach von seinem Wiederkommen. Er ist bereits wiedergekommen, nicht in der wörtlichen Auslegung nach der Schrift, aber in der Tatsache, daß er in jedem einzelnen erfahren werden muß, das heißt mit anderen Worten: Gott muß als Erfahrung in uns einkehren.

Gott,
ohne dich bin ich nichts.
Mit dir und in dir alles.
Meine Seele
wird zur Perle
in der Muschel
die du bist.

Christus ist die Gottesnatur im Menschen; das Lichtgeheimnis, das in der Seele glüht und sich entzaubern will.
Das Christusbild ersteh' in den Menschen von neuem! Wandle dich vom Kreuz des Schmerzes, das erdgebunden ist, zum Lobgesang der Freude. Erwärme die Herzen, daß durch ihre Strahlensonnen der harte Boden sich auftut und die Saat wieder zum Himmel emporsprießen kann.

Unsere Aufgabe ist:
tiefer hineinzublicken in die eigene Seele,
ihre Geheimnisse zu erforschen,
sie in das Bewußtsein zu heben,
mit ihnen zu leben in einer Ganzheit,
sie anzuerkennen als dazugehörigen
Teil ihres Seins,
das ein unerschöpfliches Reservoir
gewaltiger Kräfteansammlungen ist.

Der Anteil des bewußten Ich ist notwendig zur Steuerung. Aber dieses Ich darf sich nur soweit in den Vordergrund stellen, daß es nicht ganz allein herrschen will. Da die Tiefe es ist, die dies Ich trägt, muß es die lebensbedingenden Kräfte dieses Urbodens als Ausgangspunkt der eigenen Existenz respektieren.

Irmengard Bardo, die in ihrem letzten Lebensabschnitt eine problemreiche Krebserkrankung zu bestehen hatte, – in heiterer Gelassenheit – schrieb kurz vor ihrem Tod an ihren Biographen:

Ich bin wirklich ›hindurch‹, wie Sie schreiben, aber ich weiß natürlich, daß ich ein unglaublich starkes Erleben gehabt habe und erkenne erst jetzt, welch einer übergroßen Fülle meine Seele standhalten mußte …
Heute ist diese Phase für mich ein vergangener Lebensabschnitt. Die Bücher brauch ich nicht mehr. Das Buch ist im Inneren. Ich muß nicht einmal eine Seite aufschlagen, sie ist parat. Und ganz deutlich und klar weiß ich, was gerade mein Leben bestimmen soll. Ich muß darüber nicht nachdenken oder mich um ein besonderes Tun bemühen. Es ist so leicht zu leben, eine andere Sicht hat sich aufgetan …
Es ist das Urvertrauen, das mich trägt und in dem ich mich geborgen fühle. Das hat nichts zu tun mit Nur-Fatalismus, nichts mit Passivität. Es ist das Handeln im Nichthandeln, das Wissen um das Tun im Nichttun. Es ist das Vertrauen, das auch um das Unausweichliche weiß, das nicht übermütig wird in einer Gewißheit, (etwa) von allen Schwierigkeiten des Lebens verschont zu sein.
Es ist das Vertrauen in die Kraft, die uns leben läßt, der wir den Namen GOTT gegeben haben.

Das innen Vernommene hat Irmengard Bardo in zahlreichen Anrufungen bekundet. Das automatisch vorgehende Schreiben, das von der in spirituellen Zusammenhängen völlig ungebildeten Frau anfangs als schreckhaft empfunden wurde, weil die »Schrift aus der Mitte« sich ihr geradezu gebieterisch aufdrängte, das wurde im Laufe der Jahre immer klarer und auch verständlicher. Handelte es sich anfangs um flüchtig hingeworfene, naiv formulierte Reimereien, so wurde die Schreiberin nach und nach fähig, ihre Niederschriften immer stärker vom Alltags-Ich her zu steuern. Schließlich verschwand das paranormale Schreiben ganz. Irmengard Bardo hatte einen Prozeß durchlaufen, der ihr ganzes bewußtes Leben durchleuchtet und verwandelt hatte. Angesichts ihrer Todeskrankheit mündete es ein in eine unumschränkte Gotteshingabe.

Ich gebe dir mein Herz
o Herr.
Es hat nach all dem Sehnen
sich gestärkt.
Ich will in dir atmen
mit der ganzen Schöpfung,
will nur in deiner Liebe sein –
sonst nichts. –
Ich gebe dir mein Herz
o Herr,
ich gebe dir es
unumschränkt.

Exkurs:
Aus meines Herzens Grunde – Mystische Motive im protestantischen Kirchenlied

Seit Martin Luther verfügt die evangelische Christenheit über einen vielgepriesenen großen Schatz an Liedern. Unzählige Gesangbuchausgaben sind im Laufe der Jahrhunderte entstanden, um das »mit Herz und Mund« Gesungene und Gebetete für den Gottesdienst wie für die private Andacht griffbereit zu halten. Aber nur wenige sind sich der Tatsache bewußt, daß sich in vielen Liedversen eine eigenständige mystische Frömmigkeitshaltung manifestiert. Da kommen Menschen zu Wort, die jeweils einer bestimmten Erfahrung teilhaftig geworden sind und die das Empfangene nicht für sich behalten können. Oft sind es Verse, die über das persönliche Zeugnis der Dichter hinaus in die meditative »Innerung«[14] hineinführen, so daß man auch auf diese Weise, eben singend, betend, betrachtend an »protestantischer Mystik« in individueller Weise teilhaben kann.
Die nachfolgenden ausgewählten Beispiele sind als Anregung für die eigene Spurensuche gedacht. Da ist freilich mit der Beobachtung zu rechnen, daß Lieder, die noch vor ein oder zwei Generationen zum Grundbestand des protestantischen Liedgutes gezählt wurden, dem heutigen Lebensgefühl und Frömmigkeitsempfin-

14 Die Vokabel »Innerung« findet sich bereits bei Thomas Müntzer. Die Nennung Müntzers vermeidend benutzte Friso Melzer dieses Wort als eine Möglichkeit der Verdeutschung des Begriffs »Meditation«.

den fremd geworden sind, sodaß sie aus dem Gesangbuch verschwunden und durch »moderne« Lieder ersetzt wurden, in der Regel unter Verzicht auf eine mystische Note. Der damit eingetretene Verlust ist nicht zuletzt darin zu sehen, daß der bislang selbstverständliche Rückbezug auf die christliche Gesamttradition nahezu vollständig verloren ging. Das Verlangen nach spirituellem Erleben, nach Wandlung und nach echter Selbst-Verwirklichung wird zwar von immer mehr Menschen erfahren und die mystisch ausgerichtete Spiritualität hat in der Folge der Meditationsbewegung so etwas wie eine Renaissance erlangt. Aber dieses auch von der jungen Generation mitgetragene Bestreben hat sich in den neuen Liedtexten noch nicht in angemessener Weise niedergeschlagen.
An der Spitze der vom Geistfeuer der Mystik ergriffenen Liederdichter steht zweifellos der Theologe Paul Gerhardt (1607–1676). Im Zeitalter des Dreißigjährigen Kriegs hat der leidgeprüfte Mann die Christenheit für die Feier aller Feste des Kirchenjahres mit Gedichten beschenkt, die zu den eindrucksvollsten der Barocklyrik gezählt werden. Welche Tiefe er zu erreichen vermochte, zeigt sein Weihnachtslied »Ich steh an deiner Krippen hier, o Jesu, du mein Leben«, dem der Dichter »Geist und Sinn, Herz, Seel und Mut«, seine Lebensganzheit hingeben will. Dann setzt er in der zweiten Strophe zu einer überaus kühnen, keine paradoxe Formulierung scheuenden Betrachtung an: Das Jesuskind in der Krippe, vor dem der andächtige Betrachter steht, ist mit einem Male der präexistente, vor allem Sein wirkende göttliche Logos von Johannes 1 (»Im Urbeginn war das Wort …«). Und dieses weltschöpferische Wort

»Gott«, ist es, das vor die Existenz des Betrachters zurückgreift, sich für ihn – vor aller Zeit – entschieden hat, um sich diesem noch gar nicht existierenden Menschen zu eigen zu geben. :

Da ich noch nicht geboren war,
da bist du mir geboren
und hast mich dir zu eigen gar,
eh ich dich kannt' erkoren.
Eh ich durch deine Hand gemacht,
da hast du schon bei dir bedacht,
wie du mein wolltest werden.

Daran schließt sich die 3. Strophe mit der überwältigenden Grenzerfahrung an: *Ich lag in tiefster Todesnacht*. Sie wird überstrahlt – vom Anblick eines Neugeborenen, der zugleich als das »Licht der Welt« somit ein einzigartiges kosmisches Ereignis darstellt, das dem Menschen gilt: *Du warest meine Sonne* ... Dann kommt wieder der Betrachter des Neugebornen zu Wort: *Ich sehe mich mit Freuden an* ... Aber dieses freudig erstaunenden Hinsehen wandelt sich alsbald in stille Anbetung. Dahinein bricht sogleich die Sehnsucht nach dem Umfassenwollen, nach liebender Umarmung, wie wir sie von der mittelalterlichen Brautmystik kennen. Gleichzeitig wird der Dichter inne, daß diese personale Vorstellung seinem Verlangen ganz unangemessen ist, daß sie das menschliche Vermögen sprengt. Deshalb:

O daß mein Sinn ein Abgrund wär,
und meine Seel ein weites Meer,
daß ich dich möchte fassen!

Schließlich lenkt er seine Gedanken auf die konkreten Möglichkeiten einer spirituellen Vergegenwärtigung des vor der Krippe Erlebten hin, wenn er hofft, daß er *für und für* in der Christusnähe leben, als Christophorus d.h. als ein Christusträger, existieren möge:

Eins aber, hoff ich, wirst du mir,
mein Heiland, nicht versagen:
daß ich dich möge für und für
in, bei und an mir tragen.
So laß mich doch dein Kripplein sein;
komm, komm und lege dich hinein
mit allen deinen Freuden!

Und nicht nur mit seinen Freuden, sondern in gleich intensiver Weise mit seinen Leiden. Insofern korrespondiert das Weihnachtslied mit einer Strophe aus Paul Gerhardts Passionslied »Ein Lämmlein geht und trägt die Schuld« (Joh. 1,29), in dem es analogerweise heißt:

Mein Lebetage will ich dich
aus meinem Sinn nicht lassen.
Dich will ich stets gleichwie du mich
mit Liebesarmen fassen.
Du sollst sein meines Herzens Licht
und wann mein Herz in Stücke bricht,
sollst du mein Herze bleiben.

Daran ist ein Gelöbnis geknüpft, das auch von anderen Mystikern – etwa Heinrich Seuse oder auch Gerhard Tersteegen – auf eine je eigentümliche Weise vollzogen worden ist, wenn es heißt:

Ich will mich dir, mein höchster Ruhm,
hiermit zu deinem Eigentum
beständiglich verschreiben.

Unter der Vielzahl der Liedtexte Paul Gerhardts sind eine auffallend große Zahl der Passion Christi gewidmet. Der bekannteste ist zweifellos *O Haupt voll Blut und Wunden,* wenngleich die sinnende, anbetende Betrachtung des Blutes und des Leibes Christi dem heutigen Menschen Probleme bereiten dürfte, – und sei es, weil die millionenfache Leid- und Todeserfahrung unserer Tage anderer Bilder und Symbole bedarf, etwa solcher der Todesüberwindung, der Auferstehung und des Ewigen angesichts des Vergänglichen.[15] Was den Dichter anlangt, so folgt er hier lateinischen Vorlagen. Man vermutete als Autor lange Zeit den Zisterzienser-Mystiker Bernhard von Clairvaux (1090–1153).[16] Unbestritten aber ist, daß sich Gerhardt mit den Schriften Johann Arndts (»Vier Bücher vom wahren Christentum«) vertraut machte, der seinerseits mit Inhalten der mittelalterlichen Mystiker und Mystikerinnen lebte. Bei diesem seinem lutherischen Kollegen konnte er den Hinweis finden, den er in seinem Liedschaffen beherzigt hat: *Durch das Anschauen des gekreuzigten Christus wird das Gebet erwecket.* Auch das Motiv der innerlich anschauenden Übung, das wir von Ignatius von Loyola

---

15 Das aus den intuitiven Schriften Irmengard Bardos hervortretende Christusbild war – in Ablehnung des Gemarterten – der freudebringende, heitere Christus.

16 Heute werden die lateinischen Vorlagen wie »Salve caput cruentatum – sei mir gegrüßt, gemartertes Haupt« hauptsächlich Arnulf von Löwen (13. Jahrhundert) zugeschrieben.

(»Exercitia Spiritualia«) her kennen und das, wie wir gesehen haben, für Friedrich Rittelmeyer so wichtig geworden ist, konnte der Dichter bei Arndt finden:

> *Denn was ists, daß du an das heilige Leiden deines Herrn gedenkest in einer erloschenen, blinden Liebe, bringst aber Christi Leiden nicht in die Übung ... So wirst du Christum nimmermehr recht sehen können, noch seine Wirkungen in dir empfinden.*

Um eine erfahrende Teilnahme ging es also, weil der Weg des mystisch verstandenen Christus mit dem Weg des Menschen aufs innigste korrespondiert:

> *Dein Kampf ist unser Sieg,*
> *dein Tod ist unser Leben.*

Der Gerhardt-Biograph Christian Bunners deutet in die gleiche Richtung: »Aus dem meditativen Schauen läßt Gerhardt den Glaubenden ein wahres Bild seiner selbst gewinnen. Wirklicher Bewußtseinswandel hat ein Erschrecken über das eigene Ich zur Voraussetzung: *Ich bins, ich sollte büßen...* Doch wer sich dem Leiden Christi singend verbindet, dem vermittelt sich auch die Lebensgemeinschaft mit Christus«:

> *Ich bin, mein Heil, verbunden*
> *all Augenblick und Stunden*
> *dir überhoch und sehr.*

Eine solche, »mein Lebetage« andauernde Verbundenheit mit dem inneren Christus ist es also, und nicht et-

wa nur hie und da auftretende ekstatische Seelenaufschwünge, Visionen oder Auditionen, die die christliche Mystik ausmachen. Der konkrete Lebensvollzug im Alltag mit allem, was das Menschsein in seinen Höhen und Tiefen bestimmt, gehört immer dazu.
Blickt man nach Halle und zu dem hallischen Pietismus, dann findet man auch dort vielfältige Beispiele einer nach innen gerichteten Frömmigkeit. August Hermann Francke (1663–1727), der vielseitig Tätige, hat als der Begründer dieser Richtung zu gelten. In seinem geistlichen Lied *Gottlob, ein Schritt zur Ewigkeit / ist abermals vollendet* bringt er Motive der Brautmystik zum erklingen[17]. Besungen wird der ersehnte Bräutigam und die Vermählung mit ihm. Naturgemäß ergeht dieser Ruf angesichts der Spannung, unter der der *immer noch allhier* lebende, auf dem Pilgerweg befindliche Mensch ausharren muß.

Vom Feuer deiner Liebe glüht
mein Herz, das sich entzündet,
was in mir ist und mein Gemüt
sich so mit dir verbindet,
daß du in mir und ich in dir
und ich doch immer noch allhier
will näher in dich dringen.

Daran schließen sich Worte einer getrosten Zuversicht an:

17 Dieses und das folgende Lied von Christian Friedrich Richter finden sich nicht mehr im Evangelischen Gesangbuch.

Ich bin vergnügt, daß mich nichts kann
von deiner Liebe trennen
und daß ich frei von jedermann
dich darf den Bräut'gam nennen
und du, o teurer Lebensfürst
dich dort mit mir vermählen wirst
und mir dein Erbe schenken

Auch Christian Friedrich Richter (1676–1711) gehört in den Mitarbeiterkreis A. H. Franckes. Als Inspektor wirkte er im Pädagogium mit, als Arzt am Waisenhaus der Halleschen Anstalten war er mit der Herstellung von Arzneien betraut. Dieses therapeutische Handeln schlug sich in einer Reihe seiner Lieder nieder. Gleichzeitig war er sich bewußt, daß Jesus das verborgene Leben und die heimliche Verbindung mit dem Vater verkörpert. Sein Lied *Es glänzet der Christen inwendiges Leben* schließt mit dem Hinweis auf die verborgene Seite christlicher Existenz:

O Jesu, verborgenes Leben der Seelen,
du heimliche Zierde der inneren Welt,
gib, daß wir die heimlichen Wege erwählen,
wenngleich uns die Larve des Kreuzes verstellt.
Hier übel genennet und wenig erkennet,
hier heimlich mit Christo im Vater gelebet,
dort öffentlich mit ihm im Himmel geschwebet.

Das Motiv »mit Christus leben« ist aus den Zeugnissen dieser Art nicht wegzudenken, zumal es für Protestanten vor allem durch die wiederholt erwähnte »Nachfolge Christi« des Thomas von Kempen vorgeprägt ist.

Erinnert sei nur an den aus dem Egerland stammenden, zum Nürnberger Dichterkreis des Pegnesischen Blumenordens gehörende Sigismund von Birken (Betulius) (1626–1681). Sein Lied

Lasset uns mit Jesu ziehen,
seinem Vorbild folgen nach

beschreibt in den weiteren Strophen die einzelnen Stationen des Christuswegs, wenn er aufruft:

Lasset uns mit Jesu leiden
Lasset uns mit Jesu sterben,
Lasset uns mit Jesus leben.

Johann Scheffler (1624–1677), der als Angelus Silesius und Dichter des berühmten »Cherubinischen Wandersmann« aus dem reichen Fundus mystischer Einsichten geschöpft hat, sich nach heftigen Auseinandersetzungen der römisch-katholischen Kirche zuwandte, erhielt gleichwohl einen festen Platz in evangelischen Gesangbüchern. Seine Antwort auf Sigismund von Birken lautet:

So laßt uns nun dem lieben Herrn
mit unserm Kreuz nachgehen
und wohlgemut getrost und gern
bei ihm im Leiden stehen.
Wer nicht gekämpft, trägt auch die Kron
des ewgen Lebens nicht davon.

Und auch wenn eine Liedauswahl von Texten mit mystischen Motiven sehr knapp ausfällt, so darf einer nicht fehlen, nämlich der niederdeutsche, dem reformierten Protestantismus wie der romanischen Mystik in gleicherweise verpflichtete Gerhard Tersteegen (1697–1769). Am Abend des Gründonnerstag anno 1724 hat er sich seinem »einzigen Heiland und Bräutigam Christus Jesus zum völligen und ewigen Eigentum« verschrieben, und zwar – heute kaum mehr verständlich – mit seinem eigenen Blut. Zweifellos lebte er im Bewußtsein der fortdauernden Gottesgegenwart, wie er sie im Lied bezeugt hat.

Gott ist gegenwärtig! Lasset uns anbeten
und in Ehrfurcht vor ihn treten.
Gott ist in der Mitten. Alles in uns schweige
und sich innigst vor ihm beuge.
Wer ihn kennt,
wer ihn nennt,
schlagt die Augen nieder,
kommt, ergebt euch wieder.

Du durchdringest alles,
laß dein schönstes Lichte
Herr berühren mein Gesichte.
Wie die zarten Blumen willig sich entfalten
und der Sonne stille halten,
laß mich so
still und froh
deine Strahlen fassen
und dich wirken lassen.

Herr, komm in mir wohnen,
laß mein'n Geist auf Erden
dir ein Heiligtum noch werden.
Komm, du nahes Wesen,
dich in mir verkläre,
daß ich dich stets lieb und ehre.
Wo ich geh,
sitz und steh,
laß mich dich erblicken
und vor dir mich bücken.

Anhang:

1. Quellen und weiterführende Literaturhinweise in der Reihenfolge der ausgewählten Texte

Martin Luther: Ausgewählte Werke. Hrg. von H. H. Borcherdt und Georg Merz. 3. Aufl. München 1963 ff.

ders.: Calwer Luther-Ausgabe, hrg. von Wolfgang Metzger. Gütersloh 1977 ff.

ders.: Insel-Ausgabe, hrg. von Karin Bornkamm und Gerhard Ebeling. Frankfurt 1983.

Brecht, Martin: Martin Luther I/III. Stuttgart 1981 ff.

Lilje, Hanns: Martin Luther in Selbstzeugnissen und Bilddokumenten. Reinbek 1965.

Oberman, Heiko A.: Luther und die Mystik, in: Kirche, Mystik, Heiligung und das Natürliche bei Luther. Hrg. von Ivar Asheim. Göttingen 1967.

Wehr, Gerhard: Martin Luther. Mystische Erfahrung und christliche Freiheit im Widerspruch. Schaffhausen 1996.

ders.: Martin Luther, der Mystiker. München 1999.

Theologia Deutsch. Eine Grundschrift deutscher Mystik. Hrg. von Gerhard Wehr. Andechs/Obb. 1989.

Thomas Müntzer: Schriften und Briefe. Hrg. von Gerhard Wehr. Frankfurt 1973; Zürich 1989.

Gerhard Wehr: Thomas Müntzer in Selbstzeugnissen und Bilddokumenten. Reinbek 1971 (rm 188).

Eberlein, Paul Gerhard: Caspar von Schwenckfeld, der schlesische Reformator und seine Botschaft. Metzingen 1998.

Ecke, Karl: Fortsetzung der Reformation. Kaspar von Schwenckfelds Schau einer apostolischen Reformation. Metzingen 1978.

Maron, Gottfried: Individualismus und Gemeinschaft bei Caspar von Schwenckfeld. Stuttgart 1961

Franck, Sebastian: Paradoxa. Hrg. von Siegfried Wollgast. Berlin 1966.

Weigelt, Horst: Sebastian Franck und die lutherische Reformation. Gütersloh 1972.

Wollgast, Siegfried: Der deutsche Pantheismus im 16. Jahrhundert. Sebastian Franck und seine Wirkungen. Berlin 1972.

Weigel, Valentin: Ausgewählte Werke. Hrg. und eingeleitet von Siegried Wollgast. Berlin 1977.

ders.: Sämtliche Schriften. Hrg. von W. E. Peuckert und Winfried Zeller. Stuttgart 1962 ff.

Wehr, Gerhard: Valentin Weigel. Der Pansoph und esoterische Christ. Freiburg 1979.

Zeller, Winfried: Naturmystik und spiritualistische Theologie bei Valentin Weigel, in: Epochen der Naturmystik, hrg. von Antoine Faivre und Rolf Christian Zimmermann. Berlin 1979.

Arndt, Johann: Sechs Bücher vom wahren Christentum. Stuttgart o. J. (Es erschienen mehrere von vier auf sechs Bücher erweiterte Ausgaben).

ders.: Vom gottseligen Leben. Hrg. von Gertrud Wasserzug. Wuppertal 1984.

Koepp, Wilhelm: Johann Arndt. Eine Untersuchung über die Mystik im Luthertum. Berlin 1912; Aalen 1973.

ders.: Johann Arndt und sein Wahres Christentum. Berlin 1959.

Böhme, Jakob: Sämtliche Schriften (1730), hrg. von Will-Erich Peuckert. Stuttgart 1955.
ders.: Aurora oder Morgenröte im Aufgang, hrg. von Gerhard Wehr. Frankfurt 1992 (Insel Taschenbuch 1411)
ders.: Christosophia. Ein christlicher Einweihungsweg, hrg. von Gerhard Wehr. Frankfurt 1992.
ders.: Theosophische Sendbriefe (Gesamtausgabe), hrg. von Gerhard Wehr. Frankfurt 1996.
ders.: Im Zeichen der Lilie. Aus den Werken des christlichen Mystikers, hrg. von Gerhard Wehr. München 1998 (Diederichs Gelbe Reihe 144).
Gerhard Wehr: Jakob Böhme in Selbstzeugnissen und Bilddokumenten. Reinbek 1971 (rm 179).

Daniel von Czepko: Geistliche Schriften. Hrg. von Werner Milch. Breslau 1930. Darmstadt 1963.

Philipp Jakob Spener: Pia Desideria (1635). Hrg. von Kurt Aland. Berlin 1964
ders.: Der neue Mensch. Hrg. von Hans Georg Feller. Stuttgart 1966.
Beyreuther, Erich: Geschichte des Pietismus. Stuttgart 1978.

Arnold, Gottfried: Das Geheimnis der göttlichen Sophia. (Leipzig 1701) Mit einer Einführung von Walter Nigg. Stuttgart 1963.
ders.: Historie und Beschreibung der mystischen Theologie (Frankfurt 1703). Stuttgart 1969.
Gottfried Arnold (1666–1714). Mit einer Bibliographie der Arnold-Literatur ab 1714. Hrg. von Dietrich Blaufuß und Friedrich Niewöhner. Wiesbaden 1995.
Seeberg, Erich: Gottfried Arnold, die Wissenschaft und die Mystik seiner Zeit. Meerane 1923.

Tersteegen, Gerhard: Auserlesene Lebensbeschreibungen heiliger Seelen I/III (1784). Uitikon-Waldegg 1984 (Typoskript).
dies.: Kleine Perlenschnur (1757). Mülheim 1882.
ders.: Weg der Wahrheit. Stuttgart 1968.
ders.: Geistliches Blumengärtlein inniger Seelen (1768). Stuttgart 1969.
Deichgräber, Reinhard: Gott ist genug. Liedmeditationen nach Gerhard Tersteegen. Göttingen 1975.
Löschhorn, Albert: Ich bete an die Macht der Liebe. Gerhard Tersteegens christliche Mystik. Basel 1948.
Ruhbach, Gerhard: Gerhard Tersteegen, in: Ruhbach/Sudbrack (Hrg.): Große Mystiker. Leben und Wirken. München 1984, S. 251–266.

Oetinger, Friedrich Christoph: Leben und Briefe als urkundlicher Kommentar zu dessen Schriften. Hrg. von Karl Chr. Eberhard Ehmann. Stuttgart 1859.
ders.: Selbstbiographie. Hrg. von J. Roessle. Metzingen 1961 (Zeugnisse der Schwabenväter 1).
ders.: Biblisches und emblematisches Wörterbuch (1776). Hrg. von Dimitrij Tschizewskij. Hildesheim 1987.
ders.: Dass. hrg. von Gerhard Schäfer. Berlin/New York 1999.
ders.: Heilige Philosophie. Hrg. von Otto Herpel. München 1923.
Etwas Ganzes vom Evangelium. Friedrich Christoph Oetingers Heilige Philosophie. Ein Brevier. Hrg. von Guntram Spindler und Richard Haug. Metzingen 1982.
Spindler, Guntram: Friedrich Christoph Oetinger, in: Große Mystiker. Hrg. von Ruhbach/Sudbrack. München 1984, S. 267–281.
Weyer-Menkhoff, Martin: Christus, das Heil der Natur. Entstehung und Systematik der Theologie F. Chr. Oetingers. Göttingen. 1990.

Friedrich Hölderlin: Sämtliche Werke und Briefe I/II. Hrg. von Günter Mieth. München 1970
Guardini, Romano: Hölderlin. Weltbild und Frömmigkeit. München 1955.
Häussermann, Ulrich: Friedrich Hölderlin in Selbstzeugnissen und Bilddokumenten. Reinbek 1961 (rm 53).
Martens, Günter: Friedrich Hölderlin in Selbstzeugnissen und Bilddokumenten. Reinbek 1996 (rm 586)

Friedrich Schleiermacher: Über die Religion (1799). Stuttgart 1969.
Kantzenbach, Friedrich Wilhelm: Schleiermacher in Selbstzeugnissen und Bilddokumenten. Reinbek 1967 (rm 126).
Nigg, Walter: F. E. D. Schleiermacher, in ders.: Heimliche Weisheit. Zürich/Stuttgart 1959, S. 447–465.
Redeker, Martin: Friedrich Schleiermacher. Leben und Werk. Berlin 1968.

Novalis: Werke. Hrg. von Gerhard Schulz. München 1969.
Hiebel, Friedrich: Novalis. Bern/München 1972.
Roder, Florian: Novalis. Die Verwandlung des Menschen. Leben und Werk Friedrich von Hardenbergs. Stuttgart 1992.
Schulz, Gerhard: Novalis in Selbstzeugnissen und Bilddokumenten. Reinbek 1969 (rm 154).

Geyer/Rittelmeyer: Gott und die Seele. Predigten. Ulm 1906.
Rittelmeyer, Friedrich: Der Pfarrer. Erlebtes und Erstrebtes (1909). 2. Aufl. Ulm 1911.
ders.: Meditation. Zwölf Briefe über Selbsterziehung. Stuttgart 1928 (Neuauflagen).
Loewenich, Walther von: Luther und der Neuprotestantismus. Witten 1963, S. 222–232.

Wehr, Gerhard: Friedrich Rittelmeyer. Sein Leben, Religiöse Erneuerung als Brückenschlag. Stuttgart 1998.

Dag Hammarsjköld: Zeichen am Weg. München 1965.
Beyschlag, Karlmann: Dag Hammarskjöld, in: Ruhbach/Sudbrack. München 1984, S. 317–337.
Mögle-Stadel, Stephan: Dag Hammarskjöld. Visionen einer Menschheitsethik. Stuttgart 1999.
Stolpe, Sven: Dag Hammarskjölds geistiger Weg. Frankfurt 1964.

Über Irmengard Bardo (d.i. Bauer-Dorn):
Gerhard Wehr: Die Schrift aus der Mitte. Produktive Verwandlung einer Existenzkrise. Ein außergewöhnliches Frauenschicksal. Petersberg 1995.

Handbuch zum Evangelischen Kirchengesangbuch. Göttingen/Berlin 1953 ff.
Bunners, Christian: Paul Gerhard. Weg, Werk, Wirkung. Berlin 1993.
Herbst, Wolfgang (Hrg.): Komponisten und Liederdichter des evangelischen Kirchengesangbuchs. Göttingen 1999.

2. Literatur zur Mystik allgemein

Albert, Karl: Einführung in die philosophische Mystik Darmstadt 1996.

Benz, Ernst: Die christliche Kabbala. Ein Stiefkind der Theologie. Zürich/Stuttgart 1958.

Betz, Otto: Licht vom unerschaffnen Lichte. Die kabbalistische Lehrtafel der Prinzessin Antonia in Bad Teinach. Metzingen 1996.

Brecht, Martin (Hrg.): Geschichte des Pietismus (I/III). Göttingen 1993 ff.

Dinzelbacher, Peter (Hrg.): Wörterbuch der Mystik. Stuttgart 1989.

Ebert, Klaus (Hrg.): Protestantische Mystik. Von Martin Luther bis Friedrich D. Schleiermacher. Eine Textsammlung Weinheim 1966.

Faivre, Antoine/Zimmermann, Rolf Christian (Hrg.): Epochen der Naturmystik. Hermetische Tradition im wissenschaftlichen Fortschritt. Berlin 1979.

Harnischfeger, Ernst: Mystik im Barock. Das Weltbild der Teinacher Lehrtafel.

Herausforderung: Religiöse Erfahrung. Vom Verhältnis evangelischer Frömmigkeit zu Meditation und Mystik, hrg. von Horst Reller und Manfred Seitz. Göttingen 1980.

McGinn u. a.(Hrg.): Geschichte der christlichen Spiritualität (I/III). Würzburg 1993 ff.

Nigg, Walter: Heimliche Weisheit. Mystisches Leben in der evangelischen Christentheit. Zürich/Stuttgart 1959.

Ruhbach, Gerhard/Sudbrack, Josef (Hrg.): Christliche Mystik. Texte aus zwei Jahrtausenden. München 1989.

Schmidt, Martin/Jannasch, Wilhelm (Hrg.): Das Zeitalter des Pietismus. Bremen 1965.

Wehr, Gerhard: Europäische Mystik – zur Einführung. Hamburg 1995.
ders.: Esoterisches Christentum. Von der Antike bis zur Gegenwart. Stuttgart 1995.
ders.: Heilige Hochzeit. Symbol und Erfahrung menschlicher Reifung. München 1998 (Diederichs Gelbe Reihe 146).
Weigelt, Horst: Die spiritualistische Tradition im Protestantismus. Bern 1973.
Wentzlaff-Eggebert, Friedrich Wilhelm: Deutsche Mystik zwischen Mittelalter und Neuzeit. Einheit und Wandlung ihrer Erscheinungsformen. 3. erw. Aufl. Berlin 1969.
Zeller, Winfried: Theologie und Frömmigkeit. Gesammelte Aufsätze. Marburg 1971.
ders. (Hrg.): Der Protestantismus des 17. Jahrhunderts. Bremen 1962.